Moritz Goldschmidt

Zur Kritik der altgermanischen Elemente im Spanischen

Moritz Goldschmidt

Zur Kritik der altgermanischen Elemente im Spanischen

ISBN/EAN: 9783743481046

Hergestellt in Europa, USA, Kanada, Australien, Japan

Cover: Foto ©ninafisch / pixelio.de

Manufactured and distributed by brebook publishing software (www.brebook.com)

Moritz Goldschmidt

Zur Kritik der altgermanischen Elemente im Spanischen

Zur Kritik der altgermanischen Elemente im Spanischen.

Inaugural-Dissertation

von

Moritz Goldschmidt

aus Nordhausen.

Lingen
Druck von J. L. v. d. Velde Veldmann.
1887.

Nicht das problem der sprachmischung an sich, nach dem urteil eines unserer hervorragendsten sprachforscher das wichtigste von allen, mit welchen die heutige sprachwissenschaft zu thun hat, nicht die frage nach den eigentümlichen vorgängen, welche sich in der sprache der individuen und völker durch den verkehr mit andryssprachigen individuen und völkern vollziehen, soll der gegenstand vorliegender abhandlung sein. Untersuchungen solcher art lassen sich nur an lebenden individuen anstellen, wie ja überhaupt jede sprachliche prinzipienfrage sich nur lösen lässt durch die genaue beobachtung der lebenden sprachen. Von hier aus können wir durch rückschluss auch in das leben vergangener sprachen einzudringen versuchen. Die bedingungen sprachlichen lebens, sprachlicher fortentwicklung sind heute dieselben wie vor tausend jahren. Sie sind mannigfaltiger art; physiologische und psychologische einflüsse durchkreuzen sich fortwährend. Wer vermag noch im einzelnen bei der geringen anzahl der zeugnisse aus alter zeit festzustellen, in welcher weise sie auf einander gewirkt haben?

Wir wollen untersuchen, welche folgerungen sich aus dem zustande der uns erhaltenen altgermanischen elemente im spanischen für die lautlehre des spanischen sowohl als des germanischen erschliessen lassen. Den einfluss der germanischen invasion auf den spanischen (resp. romanischen) satzbau zu ergründen, muss schon aus dem grunde aus dem bereich unserer untersuchung fallen, weil fast alle vorarbeiten zu einer solchen fehlen. Paul Meyer läugnet ganz den germanischen einfluss nach dieser richtung: „Il serait bien peu naturel de supposer que ces constructions fautives aient été adoptées par les contemporains, tout au contraire j'imagine qu'ils en furent grandement choqués, de même que nous voyons les gens illettrés, s'étonner plus que d'autres, peut-être, des anglicismes ou des germanismes qu'ils entendent proférer." (Bibl. de l'éc. d. chart. 5. sér. T. 4, p. 363.) Diese worte beweisen eine völlige verkennung des wesens der sprachmischung. Über den durchreisenden Engländer, der unsere sprache radebricht, mögen wir uns vielleicht lustig machen; die fehler aber, welche der in unserem lande herrschende krieger in der behandlung unseres idioms macht, seien es nun verstösse gegen die aussprache oder gegen die construction, werden uns anfangs vielleicht seltsam erscheinen, allmählich aber werden wir uns an dieselben gewöhnen und werden vieles davon annehmen. Bartsch hat einmal auf der Rostocker Philologenversammlung 1875 „vom deutschen geist in den rom. sprachen" gehandelt. Das meiste freilich von dem, was er anführt, wird sich wohl auch aus dem geiste der lat. sprache erklären lassen. Aber das eindringen mancher germanismen in die rom. sprachen erscheint mir zweifellos.

Näher scheint eine andere frage, welche ich eben streifte, unserer untersuchung zu liegen, in wie weit nämlich die lautliche gestalt der rom. worte durch die germ. aussprache beeinflusst worden ist. Natürlich sprach der germane das romanische zuerst mit germanischem accent und mit germanischer aussprache: bei gewissen worten, die in bedeutung und lautgestalt im rom. und germ. fast gleich waren, mochte er noch länger seine heimische aussprache bewahrt haben. Konnte diese angleichung sich nicht auch auf die romanen übertragen? Hier ist vor allem an jenen eigentümlichen vorgang zu erinnern, dass lat. v- in einer anzahl von worten zu gu- geworden ist, und zwar meist in solchen, denen ein ähnliches germ. wort zur seite steht zb. vastare > guastar, vulpes < golpe (cf. germ. wastan wulfs), und so könnte man wohl an eine „deutsche schattierung rom. worte" (Max Müller Kz V 11—24) glauben. Aber man bedenke, dass sich dieser wandel auch in worten findet, wo kein germ. einfluss vorliegen kann, und dass er sich spontan auch nach aufhören der germ. invasion entwickelt hat.*)

So beschränkt sich denn unsere aufgabe auf die untersuchung der entwicklung der altgerm. laute im span., durch deren kenntnis auch auf die span. laut- chronologie ein gewisses licht fällt. Ebenso wie wir aus den rom. sprachen selbst die ihnen gemeinsame grundlage, das vulgärlatein, zu erkennen suchen, sollen uns die lehnworte die mittel an die hand geben, auch spätere lautgestaltungen chronologisch zu bestimmen. Aber schon die bestimmung des vulgärlatein stösst auf grosse schwierigkeiten. Sicher wird ein vulg. lat. „sub- strat", um mit Gröber zu reden, nur dann sein, wenn es die von den lat. lautgesetzen geforderte sprachform im gegensatz zum „klassischen" latein aufweist. So ist *alecer die regelrechte form gegenüber klass. alacer, da lat. a in unbet. silbe sich in e schwächt; aus dem- selben grunde ist *seperare berechtigt (fr. sevrer). Auch auf die quantität der lat. vocale in der position kann man aus der qualität der rom. vocale schlüsse ziehen, wie W. Förster im Rhein. Mus. 1878 nachgewiesen hat.

---

*) So wird im astur. jedes vu — (gleichgiltig ob primär oder secundär) > gu-; bonus bueno > guëno, sp. [a]buëlo = ast. guëlo, sp. hueso = ast. guëso, dem lat. oculum entspricht im astur. guëyu u. dgl. m.

Aber hier ist schon eine gewisse vorsicht erforderlich. So ist es bedenklich, wenn Gröber Wölffl. Arch. I 544 ein vlg. lat. *cĕrcius = lat. circius aus span. cierzo begründen will. Das span. lautgesetz, demzufolge lat ŭ zu ie wird, erleidet gewisse nicht durchweg erklärte ausnahmen. Als eine erklärung kann ich es wenigstens nicht betrachten, wenn Gröber l. c. III 512 sp. nieve = nivem durch anlehnung an nieva = *nĕvat, dieses durch anlehnung an lieva entstanden glaubt. Am bedenklichsten aber ist es, wenn man aus den rom. sprachen ein substrat entnimmt, das den lautgesetzen dieser sprachen völlig widerspricht; so weisen span. quijada etc. nicht auf ein lat. capsus, sondern höchstens auf ein hypothetisches *caxus *caxata, dessen existenzberechtigung noch zu ergründen wäre, das vielleicht auch im span. cascar = *caxicare noch fortleben mag. Über die aussprache des latein in den provinzen ergeben sich aus inschriften und grammatikerberichten mannigfaltige, aber höchst ungleiche zeugnisse; man muss hierbei erwägen, dass der bildungsgrad und die heimat der betreffenden steinmetzen meist unbekannt ist, und dass die grammatiker nur selten selbstgehörtes berichten, meist der eine von dem anderen in höchst naiver weise abschreibt.

Wie aber steht es mit unserer kenntnis der altgerm. dialekte? Durch einen glücklichen zufall ist uns ein ehrwürdiges denkmal der gotischen sprache aus der zeit der völkerwanderung erhalten, und zwar in fragmenten verschiedener hdss.; aber wir wissen nicht überall den lautwert des hier wohl zum ersten male zur niederschrift eines germ. denkmals verwandten alphabets zu deuten. Wulfila scheint sich hauptsächlich an das griech. alphabet angelehnt zu haben, wie sein gg = ng u. dgl. beweist. Anderes scheint wieder dem lat. alphabet entnommen.

Da wir nun über die aussprache des griech. und lat. zu jener zeit nicht vollkommen unterrichtet sind, so ist uns auch manche einzelheit in der got. aussprache verschlossen. Zur kenntnis des altgerm. tragen ferner bei die zahlreichen eigennamen, welche uns auf inschriften, in urkunden und bei den lat. schriftstellern des ma. überliefert sind. Auch dieses höchst ungleiche zeugen; am wichtigsten natürlich die inschriften aus älterer zeit, die aber nur in geringer anzahl vorhanden sind. Originalurkunden aus der zeit, die hauptsächlich für uns in betracht kommt, existieren ebenfalls kaum, und von den schriftstellern besitzen wir hdss. erst aus verhältnismässig später zeit, so dass die namen vielfacher entstellung ausgesetzt sind. Doch sind alle diese mängel nicht sehr schlimm, da wir durch vergleichung des einzelnen vielfach auf eine ältere stufe gelangen können; und was noch wichtiger ist, die germ. lehnwörter sind hier vielfach entscheidend. Bei der untersuchung über die älteste schicht germ. lehnwörter in einer rom. sprache ist es also verfehlt, wie es zb. Waltemath „die fränk. elemente in d. frz. sprache" 1885 gethan hat, sich auf die untersuchung eines erst in verhältnismässig später zeit urkundlich überlieferten germ. dialekts zu beschränken. Urkunden aus dem 7.—8. jh. können uns nur mangelhaft über die aussprache des fränk. im 6. jh. belehren. Aber der fehler ist nicht so schlimm, wie er scheint. Auch im 7. jh. war das fränk. wenigstens, soweit es sich aus den urkunden der Romanen ersehen lässt, noch nicht zu sehr von jener älteren aussprache abgewichen, welche der lautgestalt der germ. elemente im frz. zu grunde liegt. Da nun, wie eine eingehende untersuchung des altgerm. namenmaterials beweist, überhaupt keine grösseren unterschiede innerhalb der einzelnen dialekte aus den rom. urkunden zu ersehen sind, so ist es müssig,

einen bestimmten dialekt zu grunde zu legen. Hier
kann der sprachforscher nichts erweisen; es ist sache
des historikers zu untersuchen, welcher germ. völker-
stamm an dem oder jenem punkt romanischen landes
längere oder kürzere zeit geweilt hat. Aber es ist
höchst fraglich, ob sich aus dieser untersuchung auch
nur ein lautchronologischer anhaltspunkt für die älteste
schicht ergeben wird; für die späteren schichten liegt es
natürlich anders.

Zu einer solchen vergleichung altgerm. namenmaterials habe ich für das got. namentlich J. Kremer's
treffliche abhandlung „behandlung der ersten compo-
sitionsglieder im germ. nominalcompositum", PB VIII 371 ff.
benutzt, ausserdem natürlich auch die älteren arbeiten
von Dietrich und Bezzenberger; für das wandalische
liegt seit vorigem jahr eine spezialuntersuchung von
Wrede (QF 59) vor, welcher darauf ausgeht, besondere
dialektische verschiedenheiten des wandal. von den
übrigen „wandilischen" dialekten zu erweisen, ohne dass
ihm dies meiner ansicht nach gelungen ist. Ebenso
wollte Wackernagel „sprache und sprachdenkmäler der
Burgunden" (Kleine schr. III. 334 ff.) bedeutende unterschiede des burg. von dem got. gefunden haben, weil
er das burg. nur mit dem got. des Wulfila, nicht mit
dem got. namenmaterial verglichen hatte. Denselben
Fehler hat auch Waltemath in seiner oben erwähnten
abhandlung. Der ältesten schicht italienischer lehnwörter germ. herkunft liegt natürlich das ostgot. zu
grunde, das in den oben erwähnten schriften über das
got. behandelt wird; das langobard., welches etwa seit
dem ende des 7. jh. der sogenannten hochdeutschen
lautverschiebung verfällt, hat aber wohl auch schon
verhältnissmässig früh auf das ital. eingewirkt. Wir
benutzen die freilich in der namenerklärung vielfach

verfehlte, für unsere zwecke aber ausreichende ausgabe von Carl Meyer „Sprache u. Sprachdenkmäler der Langobarden" 1877. Einen sehr wesentlichen dienst für die untersuchung der altgerm. dialekte hat, wie natürlich, Braune's althochdeutsche grammatik geleistet, welche durch ihre klarheit und übersichtlichkeit auch dem fernerstehenden genügende einsicht zu gewähren im stande ist.

Wenn wir uns nun in dieser untersuchung auf das span. beschränken, so dürfen wir zu einer gründlichen forschung natürlich die vergleichung der entsprechenden worte in den anderen roman. sprachen nicht unterlassen. Waltemath, der dies verabsäumte, musste schon dadurch in manche irrtümer verfallen. Wir haben dessen arbeit bereits mehrfach erwähnt und werden im laufe unserer untersuchung noch öfters darauf zurückkommen. Sie ist ohne zweifel die beste darstellung, welche unser thema seit Diez erfahren hat. Die verschiedenen programmabhandlungen, dissertationen und sonstigen arbeiten erwähnt, wenn auch nicht ganz vollständig, Körting in der Encyklopaedie III. 49 f. Nur wenige von diesen arbeiten gehen über das von Diez gebotene hinaus. Dass einige die richtige gotische (resp. altgerm.) form anstatt der von Diez angesetzten ahd. zu grunde gelegt, kann um so weniger als ein bedeutender fortschritt bezeichnet werden, als Diez sich darüber schon in gleicher weise ausgesprochen hatte, in einem briefe an Wackernagel vom 24. XI. 34*) und vor allem in RG I^3 306, wo er darauf hinweist, dass die got. form stets im sinne zu behalten ist. Waltemath hat zuerst eine strengere chronologische scheidung der einzelnen lehnworte versucht, auch „einige folgerungen für die lautchronologie der frz.

---

* cf. Stengel's erinnerungsworte an Diez, p. 78.

sprache" (p. 94) aus denselben gezogen, so dass seine arbeit allen weiteren forschungen zu grunde gelegt werden kann.

Im anschluss an diese arbeit mag noch einer prinzipiellen frage erwähnung geschehen, welche W. Meyer in seiner eingehenden recension des Waltemath'schen buches im Literaturbl. f. germ. u. rom. phil. 1885, p. 486 aufgeworfen hat, ob wir nämlich „berechtigt sind, fränk. formen anzusetzen, die sich nicht aus einem fränk. lautgesetze erklären lassen und doch mit denen der anderen germ. sprachen in widerspruch stehen." Die frage darf in der form, wie sie gestellt ist, nur verneint werden. Aber selbst zu der annahme, dass das westfränk. in der älteren zeit einige besondere lautgesetze entwickelt habe, sind wir durch den zustand der germ. lehnworte im frz. nicht genötigt.

Über mein specielles thema ist eine arbeit erschienen, auf welche mich prof. Sanchez Moguel aus Madrid aufmerksam machte: „Palabras españolas de indole germanica ¡por A. Pascual" (Revista de España 1871), die übrigens trotz ihres beträchtlichen umfangs über die anfänge kaum hinausgekommen ist, und da sie ausser einer übersetzung der betreffenden stellen aus E. W. nur unbedeutende auszüge aus älteren span. wörterbüchern enthält, für unsere untersuchung völlig belanglos ist.

Für einzelne worte habe ich die etymologischen untersuchungen, welche die verschiedenen romanistischen zeitschriften bieten, benutzt, wenn auch nicht vollständig, wie denn überhaupt absolute vollständigkeit weder in der benutzung des namenmaterials noch in der erklärung der lehnworte in meiner absicht liegt. Ich biete beiträge zu einer kritik der germ. elemente im span., um, soweit es mir möglich, auch zu einer eingehenden erkenntnis der bisher von den romanisten so arg vernachlässigten span. lautlehre beizutragen. Ich will versuchen, für die entlehnungen aus anderen roman. sprachen bestimmte gesichtspunkte zu finden. Hier ist freilich die gefahr zu straucheln eine noch grössere. Vielfach mag als entlehnung aus dem frz. bezeichnet worden sein, was vielleicht in irgend einem span. dialekt begründet ist. Die geschichte der span. dialekte und ausserdem auch die geschichte der gegenseitigen beeinflussung der roman. sprachen gehört leider noch zu den bisher ungeschriebenen kapiteln der roman. lautlehre.

Das in der arbeit benutzte schema ist das in roman. lautlehren übliche mit den durch die art des themas bedingten abweichungen. Eine scheidung der vocale in betonte und unbetonte ist nur da vorgenommen, wo sie sich verschieden entwickelt haben.

Vocalismus.

a.

Lat. a erhält sich im span. in der tonsilbe. Die von RG I³ 146 erwähnte „ausweichung" des a in e bei alerce (lat. larix) erklärt sich durch den einfluss des arab. (cf. DE. s. v., p. 98). Die anderen dort erwähnten ausnahmen sind gemeinrom. — Auch in der unbetonten silbe erhält sich a gewöhnlich. enero (januarium), pechar (pactare), echar (jactare *jectare) erklären sich wohl durch einfluss des J-elements. Dialektisch scheint sich dieser wandel in der unbetonten anlautsilbe unmittelbar vor dem ton auch sonst zu finden cf. zb. Estorga = Asturica Fern. Gonz. 125.

Germ. a hat dieselbe entwicklung. Der im ahd. seit 750 auftretende umlaut (Braune § 27) zeigt sich im got. bereits im 7. jh. in vielen spuren. Egila 7. jh. = Agila 6. jh., Egired 7. jh., Ega 688, 693 (nach Bezz p. 9 = *agja?), Epika 7. jh. (= *apika PB. VIII 459), Belesar 638, 656 (= *valisa-harjis Grimm GDS¹ 429), Eigcani (westgotenkönig Inscr. Hisp. Chr. n. 172 a. 691) = Egicani = *agika; er würde bereits dem 6. jh. angehören, wenn Eila, Ella a. 589 Conc. Tolet 3 Agila ist (Stark 49.) Dagegen erscheint das ostgot. Ediulf Jord. 77, 2 (3. jh., nach PB VIII 418 = *adia-wulfs) nicht gut überliefert, wie auch Mommsen in seiner ausgabe hier manche bedenken hat.

Das e in Edolfus Etdolfus (hdss. des F. J.) = Athavulfs wird vielleicht auf rom. einfluss beruhen, wenn nicht schreiberversehen vorliegen; nicht auf solche weise lässt sich Ergobadus 683 neben Argibad 681 (= *arga — balps PB VIII 456) erklären.

Die germ. worte im span. zeigen keine spur des umlauts, sind also bereits vor dem ende des 7. jh. dem span. sprachschatz einverleibt worden.

sp. *haraldo*, araldo = *harjawalds; daneben freilich heraldo, das sich aus dem gesetz der unbetonten anlautsilbe erklären lassen wird. Lehnwort aus dem frz. kann es nicht sein, da es sonst *heralte lauten müsste.

Ein sehr häufiger term. der span. rechtssprache ist *sayon*, bereits in alten urkunden vielfach belegt zu *sagja (Grimm RA. 765). Hierher auch *ayo* „hofmeister" = *hagjo „pfleger".

Hierher auch die sippe *albergar* etc., nach E. W. I zu *hariberga; nach Th. Braune, GZ X 262 ff. = *adalberga, ohne dass die notwendigkeit dieser änderung überzeugend nachgewiesen wäre.

Wahrscheinlich aus dem frz. entlehnt (wegen des auslauts) ist *arenque*, das freilich schon Rz. 1086 sich findet;[*)] davon abgeleitet ist arencado „dürr" (cf. auch p. .)

lesna, alesna „ahle" kann von ahd. alansa nicht abgeleitet werden. Die rom. formen weisen auf alesna (cf. Dief. Gloss. lat. germ.). Das got. suffix-sna (got. filu-sna, hlaiva-sna cf. Leo Meyer got. spr. § 184) lässt ein *ala-sna vermuten. Konnte sich unter wirkung des accentgesetzes ein álesna bilden?

[*)] Das wort kann, wie auch Th. Braune l. c. p. 270 ff. bemerkt, mit halec nichts zu thun haben. Die dort gegebene etymologie = harings „der in massen schwimmende fisch" ist bereits ausführlich begründet von Schleiden „das salz" p. 51 ff. (1875).

Sp. *tejon* „dachs" setzt wie die anderen rom. sprachen
*taxonem voraus. Der ursprung des wortes ist dunkel.
Ob wir mit Baemeister kelt. briefe p. 42 einen kelto-
germ. wortstamm tax- annehmen oder mit Rönsch GZ
I 420 die herkunft des wortes im hebräischen suchen,
jedenfalls muss es sich bereits früh in das lat. verpflanzt
haben. Die lang. namen Tasuni (a 750) Taso (a.752?),
welche K. Meyer p. 305 nicht erklären kann, werden
wohl ebenfalls hierher zu rechnen sein.

Nach EW. I vogare ist sp. *boga bogar* aus ahd. wa-
gôn, dem ein gleichlautendes germ. wort entsprechen
würde, abzuleiten. Es wäre dann dieser wandel von
a > o zu beurtheilen, wie lat. vacare > vlg. lat. *vocare
[cf. vocatio = vacatio CJL I 198 Corssen II 667]; mit ahd.
wâc > nhd. wôge ist das aus dem grunde nicht zu ver-
gleichen, weil hier â > ô ganz spontan eintritt (cf. Paul
mhd. gr. ² § 27₄), ebenso auch ae. â < ne. o.

ĕ.

Lat. e = vlg. lat. ę wird im span. in der tonsilbe
i e, in der unbetonten anlautsilbe tritt vielfach a ein,
ohne dass hierfür sich bestimmte gründe finden lassen*).

Germ. e ist bekanntlich im got. überall zu i geworden, während die übrigen germ. dial. nur in bestimmten fällen diesen wandel eintreten lassen. Die
Namen gewähren kein urteil darüber, ob jener wandel
sich vielleicht nur auf das wulfilanische gotisch be-
schränkte. Von lehnworten sind uns nur zwei hierher
gehörige erhalten, in welchen sich e vor doppelconsonanz findet, so dass nur das span. uns über die qualität
des betreffenden vocals belehren kann. Es sind *yelmo*
PC 766 (elmo Alx. 544) = germ. *helma, got. hilms, und

---

*) Man beachte, dass bereits der aus Bilbilis in Spanien
stammende Martial jantare für das sonst übliche jentare schreibt.

fieltro = *feltr-ac. felt (die epenthese des r ist gemeinrom., muss also wohl schon dem germ. etymon angehören). Esp. sagr. 37,308: quinque feltros (a. 818?); galea: helmus Reich. Gloss. 928 (ed. Förster). Es ist also wohl wahrscheinlich, dass auch dem got. ein e eigen war, wenn auch span. ie zuweilen auf ein i zurück geht.

Dem ie in betonter Sylbe entspricht e, a in unbetonter, so *elmete, almete* neben yelmo.*) filtrar zu fieltro scheint lehnwort aus dem frz. (?).

lat. ē, ĭ.

ist im vlg. lat. ẹ, im span. meist e, mit ausnahme einiger ie, wo Cornu Rom. XIII 290 einfluss der labialen, Gröber andere ursachen zu erkennen glaubt. In der unbetonten anlautssilbe tritt vor r und l zuweilen a ein.

Wir müssen hier germ. i allein behandeln, da germ. ê einen besonderen weg geht. Die sogenannte „brechung" des germ. i vor r (resp. h) ist zwar im wandal. nicht nachzuweisen, da sich belege nicht finden (cf. Wrede p. 92); dagegen schreibt sowohl das fränk. als auch das lang. e. cf. bei Walt. p. 20 Echa-rigo, Ermen-ardus u. a., lang. Ermi-frid-cald-caus u. a; auch für das burg. fehlen belege. Die got. sind ziemlich zahlreich. Ermenfred 652, Hermefredus 656, Ermanaricus 4. jh. (daneben Hermenerig Jord. 77,2), Ermenigild 6.—10. jh., Ermulf 633 u. a. zu *airma *airmana**), ausserdem Erpa-mara 1. jh. (= *airpa-mêra PB VIII. 436). Bei dieser auch in an-

---

*) almilla „knappes leibchen" etc. kann wegen seiner bedeutung nicht hierher gerechnet werden; es ist = *armicula; cf. auch Baist Rom. Forsch. 1 132 anm.

**) Manche scheinbar hierher gehörige namen können auch zu kelt. irn, ern gerechnet werden. cf. Stark kosenamen d. Germ. p. 43 anm. 1.

deren fällen belegten annäherung des i an das e kann es nicht verwundern, dass die roman. schreiber vielfach ein e setzen, wo die german. lautlehre ein i erwarten lässt. Hierbei scheint urgerm. i = idg. i ebenso behandelt zu sein wie urgerm. i == idg. e.

st. friþus: wgot. Argefredus 656, wand. Fridus, langob. nennt sich ein „indignus monachus", der notar im kloster Farfa war, 761: Raginfridus, in demselben jahre Raganfredus, ebenso 4 jahre nachher, und Ragamfredus (a. 767) wird wohl nur ein schreibfehler für Raganfredus sein. Die schwankungen im fränk. stellt Waltem. p. 48 zusammen, der bemerkt hat, dass im 7. jh. nur -frid sich findet, während im 8. jh. -fred überwiegt.

st. sigisa — (nur als erstes compositionsglied): wgot. Sesuldus 681, 688, Sisuld 633, Sisuldus 683, 638, burg. Segisvuldus Sigisvuldus (Wack. p. 354, 369), Segismundus neben Sigismundus, Sigisricus (Wack. p. 369), ebenso Rimismundus (rex Suavorum in Hisp.) Jord. 117, 22 neben Remismundus Isid. hist. Goth. 33.

st hildja —: Ildebad 6. jh. und Heldebadus Jord 50, 15, wand. Hildrix, daneben auch Heldericus, burg. Hildegernus Wack. p. 345 = Heldigernus Wack. p. 369, ähnlich im lang. u. fränk. Dem einfluss des l wird es zuzuschreiben sein, wenn sich hier mehrfach in der unbetonten anlautsilbe a findet. So werden wir westg. Aldericus nach PB VIII 455 als *hildi-reiks erklären, ebenso lang. Aldefrid (a. 766) Aldoinus (a. 752), das Meyer p. 277 aus Adal — wohl in anlehnung an Wack. p. 357, erklärt, hierher ziehen. Ebenso ist nach Stark p. 17 Alfonsus Ildephonsus (*hildifuns). Doch scheint hier vielfach eine vermischung mit Adephonsus — *apafuns eingetreten zu sein, welches nach bekannten gesetz d in l wandelte, übrigens sich auch mit Adelphonsus mischte (cf. zb. Cortes de los reinos de Leon y Castilla

= CLC I 25 a. 1050).

Ist Fadrique (Alf. XI str. 486) = *friþu-reiks vielleicht durch die mittelstufen *Ferdrique Fardrique zu erklären? (cf. fries. Feddo aus *Ferdo-Fredo Stark p. 27.)

Die ins span. eingedrungenen germ. lehnwörter zeigen den in urkunden nur sporadisch auftretenden wandel von i zu e consequent: *sen* (= germ. *sin), *venda* (germ. *binda)*), *teta* tetilla zu germ. *tita, wohl auch *fresco* zu *frisc (Walt p. 73 fresk).

In der unbetonten anlautssilbe findet sich a in *escarnir*, das nebst vielen ableitungen bereits im aspan. vielfach belegt ist, zu germ. *skirn, ebenso *escalino* - skillings, das aber, wie der auslaut zeigt, erst in moderner zeit ins spanische eingedrungen sein kann, wohl aus frz. escalin. Noch mehr das gepräge der späten einwanderung trägt das gleichbedeutende eschelin.

Sollte hierher auch *ganar* zu rechnen sein = germ.-got. vinnan „pati", das nach L. Meyer got. spr. § 386 zu skr. van „begehren" gehört, andererseits auch mit altn. vinna „laborare, acquirere", (Grimm Gr. II 34) nhd. gewinnen verwandt ist, also die bedeutungen vereinigt, welche dem span. ganar „gewinnen, gana „begierde" zukommen? Formell könnte das natürlich nur so erklärt werden, dass gana von ganar abgeleitet ist, da ja sonst *gena zu erwarten wäre. Aber auch ganar will sich nicht völlig dem der bedeutung nach durchaus passenden etymon fügen. Denn a findet sich sonst nur vor l und r; man vergleiche noch *senescal* (= siniskalks), für welches zwar mehrere hdss. des FJ. sinescal, keine sanescal oder dgl. bietet. Hierher ist noch zu rechnen *espedo*,

---

*) fr. bande will Walt. p. 95 aus frk. bandi ableiten, woran ihn schon das bei EW 1 benda erwähnte afr. bender hätte hindern sollen. a < e erklärt sich hier natürl. durch den einfl. der nas.

das sich mit dem im Reich. Gloss I 474 belegten spidus ferreus gut vereinigen lässt, während espito zu sudes: spites Reich. Gloss. II 95 zu setzen ist. Daneben findet sich auch espiedo = ital. spiedo, das EW. I zu spër ziehen wollte. Es sind hier jedenfalls zwei verschiedene germ. worte „spiess" und „spitze" frühzeitig durch einander geworfen.

Wir erwähnen noch sp. trepar „klettern", das vielleicht zu germ. *trip- gehört (cf. got. -trimpan „treten" zu *trap- gr. τραπεῖν „weintrauben keltern" Leo Meyer got. spr. § 84).

ŏ, ŭ.

Einem klass. lat. ō, ŭ entspricht bekanntlich vlg. lat. ǫ, klass. lat. o = vlg. lat. o. Letzteres wird im span. in der tonsilbe ue, in unbet. silbe o, ersteres stellt sich gewöhnlich auch in der tonsilbe als o dar; doch finden sich auch hier jene merkwürdigen „ausweichungen" in ue, analog dem ie = e.

Germ. o und germ. u sind im got. wandal. (Wrede p. 94), wfränk. (Walt. p. 45 f.) zusammengefallen. Dagegen zeigt das burg. (Wack. 368 ff.) und das lang. (Meyer 262) schwanken zwischen o und u, wobei Meyer an schreibereinfluss denkt, Wackernagel darin ein merkmal sieht, „wie die ganze sprache selbst in einer schwächung und brechung des über- und untergangs begriffen war".

Die urkunden zeigen in allen diesen dialekten dieselbe eigentümlichkeit, dass im allgemeinen u überwiegt, o sich erst bei zunehmendem einfluss des rom. einstellt, wenn auch u durch eine art gelehrter reaction sich noch in späten lateinischen urkunden findet. So findet sich Raymundus (Marca hisp. n. 78 a. 942), Remundus (CLC. 1 31 a. 1115) neben span. Remond zb. PC 975

998, 3002; Gundisalvus (CLC. I 31 a. 1115), aber der fromme hymnendichter, dessen werke eine wesentliche quelle unserer altspan. studien bilden, nennt sich Gonzalvo de Berceo Milag. 2.*) Manche namencomponenten zeigen fast nur u, bei manchen überwiegt völlig das o, ohne dass wir hier etwas anderes als das walten des zufalls erblicken können; so heisst es Hunimundus (Jord. 129, 1)**) Rimismundus (Jord. 117, 22), Thursimund Thorismundus (Jord. 122, 11 u. ö. Müllenhoff im index sieht hier entstellung aus *mód): Tructemundus 681. 683 (= *drauhti-munds Bezz. 12), für das wfränk. cf. Walt. p. 49, im lang. findet sich Gairemond (a. 730) = Gairimundus (a. 746); dagegen -fonsus = -*funs in Adefons 6. jh. (cf. PB. VIII 456), Adefonsus (IHC. n. 247. 252. 253 a. 778. 874. 875), Illefonsus Esp. sagr. 26, 449 (a. 1039); nur das lang. hat ein wohl hierher gehöriges Arefusus (a. 743), und im span. findet sich Funsinus Esp. sagr. 18, 339 (a. 969) cf. darüber Stark p. 60 anm. 2).

Zu diesem ergebnis, demzufolge im. altgerm. bereits überall u für urspr. o eingetreten war und o nur eine rom. schreibervariation zu sein scheint, bilden einen merkwürdigen gegensatz einige span. lehnwörter, welche ein o voraussetzen. Dies sind *huesa* PC. 994 = *hosa, wie auch Walt. p. 101 richtig ansetzt wegen afr. hoese (wie konnte er das, da ja nach seiner darstellung p. 48 f. 59 dem wfränk. ein ó fehlt),

---

*) Berceo erwähnt auch Ferran Gonzalvez Mill. 395; sonst wird der name gewöhnlich mit vocalisiertem v geschrieben: zb. Gonçalo PC 2268, 3008, Gonzalez PC. 2286 Goçalez 3291, Gonsales Alf. XI 820.

**) Den ersten teil dieses namens erklärt Wrede p. 64 mit Müllenh. HZ XIII 576 aus altn. hünn „catulus, junger bursch u. dergl." Sollte nicht die herleitung J. Kremers PB VIII 412 = gr. κύων wegen der bedeutung den vorzug verdienen?

rucca zu germ. **rokk-* (cf. Baist Rom. forsch. I 133, *espuela* zu **spor-**).

In der unbetonten silbe steht o: So findet sich neben espuela im asp.: espolon PC. 2693, espolonada PC. 2383, espolonar PC. 705, espolonear PC. 596, espolear PC. 233, daneben esporonada Alx. 598.

Für germ. u aber findet sich auch in der tonsilbe nur o, resp. u, das vielleicht auf späteres eindringen hinweist, so *escote* aus germ. **skut*; sonst ist kein sicheres wort aus älterer zeit mit o bekannt; mehr hat das frz., wie die liste bei Walt. p. 78 zeigt. Aus diesem entlehnt scheint *turba* „torf", während *burgo* „vorstadt" den eindruck des späten eindringlings macht, trotzdem das wort bereits früh bei lat. schriftstellern sich findet, doch nur in der bedeutung „burg, castell". Ein lehnwort aus dem begrifflich damit verwandten frz. bourg „kleine stadt" hätte wohl **burque, in späterer zeit **bur gelautet; doch ist mir mit meinen lexicalischen mitteln nicht möglich zu bestimmen, ob das wort nicht völlig gelehrt ist. Zu beachten ist freilich, dass die bekannte span. stadt Burgos, nicht Borgos**) lautet, dass PC 17 von „burgeses e burgesas" gesprochen wird, so dass das wort wohl beurteilt werden könnte wie jene span. lat. herkunft, lluvia, yugo u. dgl., bei denen freilich ein palatall. von einfluss gewesen sein mag.

Das ergebniss dieser untersuchung aber ist, dass in den verschiedenen altgerm. dial. trotz des scheinbaren zusammenfalls von germ. o und germ. u in einen einheitlichen lautverschiedenheiten des klangs je nach der herkunft des lautes

---

*) Walt. p. 100 setzt hier frk. **sporo* an, weil er span. espuela, wo sich o in der tonsilbe fand, unberücksichtigt gelassen.

**) Borges una çibdat estranna erwähnt BC Milag. 352, 353.

fortbestanden haben. Dem romanen muss got. wand. wfränk. u = germ. o ähnlich geklungen haben wie sein o. Warum aber der germane u für o setzte, da doch u dem o sehr fern liegt und höchstens mit o nahe verwandtschaft zeigt, weiss ich nicht.

Germ. ē

zeigt in seiner späteren entwickelung die schroffsten unterschiede in den einzelnen dialekten. In der älteren zeit, welche für unsere untersuchung in betracht kommt, hat sich aber noch in den meisten dial. ē erhalten. Es ist möglich, dass durch genaue scheidung sich gerade hier feinere unterschiede ergeben (cf. Wrede p. 92 f.) Wandal. und westgot. gehen übrigens auch hier völlig gleich vor.

Urspr. ē hat sich fast durchweg erhalten in Vera (ahd. wâra Bezz. 12) und dem hierher gehörigen namen Vermudo pg. Vermuiz, in span. urkd. Vermudus, Veremudus, Beremudus; von inschriftl. zeugnissen stehen sich Veremudo (JHC. n. 135 a. 485) und Virmundus (JHC n. 240 a. 986) gegenüber. Im wfränk. hat sich ē bis gegen das ende des 7. jh. gehalten (Walt. p. 49); das stimmt ungefähr auch zu dem von Bremer PB XI p. 7 ff. gefundenen resultat, dass in den fränk. namen im 6.—7. jh. das â auftritt. Dass Bremer hierbei die fränk. namen ohne genauere sichtung aufgeführt hat, ist natürlich für unseren zweck ohne belang. Im burg. findet sich Widemêris neben Widemarus, ebenso Wilemeres Windemeres (a. 547) neben Gundomârus u. a. auf derselben inschrift, ein zeichen, dass hier der wandel schon früher eintrat. Die langob. haben in ihren aus dem 7. jh. stammenden namen das â bereits überall. Das a findet sich auch in einigen got. namen. Ein ostgot. Erpa-mara 1. jh. erklärt J. Kremer durch *airpa-mêra (PB VIII

436), in den westgot. concilienacten findet sich Salamirus (= sēla-mērs Bezz. 11) a. 681, Wadamirus a 683 (= *Vēda-mērs Dietr. p. 63); einen Vadamerca (daneben Vadamarca) erwähnt Jord. 122, 6, ebenso Radagaisus 41, 19; zweifelhafter mag es schon erscheinen, wenn Dietrich p. 62 den westg. Tayo 652. 655 durch *têvja „schaarenführer" erklärt (ebenso Bezz. p 11): dagegen wird der in span. urkunden und schriftstellern (zb. Conde Lucanor ed. Gayangos p. 383 b) häufig vorkommende name Suarius. Suarez zu got. swêrs zu stellen sein, auf welches noch deutlicher die nebenform Suero hinweist. Die erklärung in RG I³ 305 Suero aus Suarius ist natürlich nicht richtig.

Auch das wandal. scheint in seinem Wisimar einen hierher gehörigen namen zu besitzen, da die erklärung Wredes p. 47 f. ihrem urheber selbst nicht ganz geheuer erscheint.

Dieser wandel des ē zu ā lässt auf eine offene aussprache desselben schliessen; diese aussprache muss auch dem got. oder vielleicht nur gewissen dialekten desselben eigen gewesen sein. Die lehnworte sind leider zu unsicher, als dass wir daraus sichere schlüsse ziehen könnten.

Als ein solches lehnwort bezeichnet EW II b *aleve* „treulos", das wegen seiner jurist. bedeutung sich schon früh in lat. urkunden findet. Da aber lêvjan, von dem Diez es ableitet, „verraten" bedeutet, so müsste aleve gerade die entgegengesetzte bedeutung haben, ist also immerhin bedenklich.

Zu got. ga-têvjan „anordnen" zieht EW II b span. pg. *ataviar* „schmücken". Wenn auch die bedeutung zu passen scheint, kann es formell doch nicht hierher gezogen werden, während got. taujan, dem wohl eine nebenform *tavjan entsprach, geeigneter ist.

Wir gehen zu einem wort über, das in mehreren rom. sprachen verschieden behandelt, leider aber im span. nicht überliefert ist, nämlich ital. *bara* = chw. bara: fr. *bière*. Dort liegt vielleicht lang.: *bâra zu grunde, während das franz. ein fränk. *bêra voraussetzt, wie auch Walt. p. 85 richtig ansetzt. Wie konnte ihm dann aber entgehen, dass fr. *arroi*, *conroi*, das er nach EW I redo zu einem frk. *rêd p. 82 zieht, *rie ergeben musste? Das wort spricht auch sonst gegen diese herleitung, und Thurneysens etymologie Keltorom. p. 76 aus kelt. *rêdi erhält dadurch eine begründung mehr. Wie erklärt sich aber die weite verbreitung des kelt. wortes?

Gegen diese annahme eines offenen $\bar{e}$ in den älteren germ. sprachen scheint nun der wandel von got. wand. $\bar{e} > \bar{i}$ namentlich in den compositionsgliedern -rêd und -mêr zu sprechen. Schon in gewissen hdss. der got. bibelübersetzung findet sich für ê ein ei, auch i, was W. Franz, die lat. rom. elem. im ahd. p. 41 zu der annahme veranlasste, dass das got. ein $\bar{e}$ gehabt habe. Der wandel von $\bar{e} > \bar{i}$ ist ja auch sonst nicht unbekannt cf. lat. decrēvi: crimen J. Schmidt Vocal. II 365, ebenso im neugr. ir. und in jüngeren slav. dial; so entspricht dem krimgot. m$\bar{i}$ne schl$\bar{i}$pen mycha bei Wulfila m$\bar{e}$na, slēpan, m$\bar{e}$ki (cf. Brugman Techm. zts. I 235). Aber hier stehen sich zwei verschiedene artikulationsweisen gegenüber, welche nur durch dialekt. abweichung erklärt werden können. Noch in diè spätere zeit hat sich dieser hang erhalten. Smaragd, der fern von got. landen weilte und nicht mehr die alten got. namen verstand, erwähnt in seinem onomastikon 816 Altimir, Giltimir etc.; dieses -mir übersetzt er mit mihi!

In die roman. sprachen hat sich keine spur dieser aussprache gerettet.

ī

giebt zu besonderen bemerkungen keinen anlass. Wie es sich in den rom. sprachen überall unversehrt erhalten hat, so ist es auch im germ. geblieben. Die germ. lehnworte im span. haben natürlich ebenfalls überall ī; *brida* „zaum" — germ. brîda, *giga* „geige", *gris* „grau", *grima* „grausen" (= germ. *grīma ae. grīma „gespenst"), *lista* „streifen", *rima* „reim" (für das Walt. p. 100 im gegensatz zu ahd. rim ein frk. und wohl auch germ. *rîma ansetzt); vielleicht auch haben die spanier den namen der eibe sp. *iva*, ebenso wie die übrigen romanen von den germanen entlehnt, wiewohl das unwahrscheinlich ist. Es findet sich sonst kaum ein gemeinrom. pflanzenname germ. herkunft aus älterer zeit; man muss erwägen, dass die eibe, welche für die germanen freilich ein mit seltsamen sagen umwobener baum war und darum wohl auch bei ihnen in hoher achtung stand, den Germanen und Kelten gemeinsam war (Bacmeister Kelt. Br. p. 46): auch in slaw. sprachen findet sich der name cf. Schrader, sprachvergleichg. u. urgesch. p. 86, besonders aber Hehn[2] p. 459 f., so dass er auch auf anderem wege eingedrungen sein kann.

Germ. ô

wandelt sich, jener tendenz entsprechend, derzufolge ê ~ i ward, zuweilen in û; so heisst es auf der verkaufsurkunde von Arezzo Alamud, so findet sich bei Jord. Beremud, woraus vielleicht Beremundus; dem entspricht wand. Blumarit, Gamuth, wfränk. Rudebodes (Walt. p. 33, nicht erwähnt p. 50 unter ô), lang. Ruberto (a. 715) neben Rodpert (a. 753), für das burg. scheinen belege zu fehlen, die in der älteren zeit in allen dial. nicht eben zahlreich sind. Wie dieser wandel zu erklären ist, scheint fraglich. Hier mit Franz p. 49 einfluss des roman. anzunehmen, ist immerhin bedenklich, da zwar das frz. schon seit früher zeit den wandel ô ⁄ u kennt, während er im span. und ital. auf einige wenige fälle beschränkt ist, die zt. dem vlg. lat. angehören. Es mag dieser wandel also wohl eher einer im germ. dial. sich findenden „neigung zur verengung der bei der hervorbringung des lautes wirkenden mundteile" (Bremer PB XI p. 11) zuzuschreiben sein.

Die lehnworte aber setzen ein ô voraus, wie es Franz p. 49 ebenfalls annimmt. So ʽweist ital. spuola spola „weberschiffchen", dem im span. *espolin* entspricht (o in unbet. silbe!) auf *spôla, vielleicht auch afr. *fuerre* auf wfränk. fôdar (Walt p. 77); doch ist bereits dieses wort in vieler hinsicht bedenklich; it fodero erklärt sich zwar leicht daraus, aber span. forro will weder mit vocal noch mit cons. passen. Was zunächst den consonanten anbelangt, so fällt in lat. d + cons. gewöhnlich das d cf. cuarenta (quadraginta), cadira (cathedra), das Gröber Wölffl- Arch. I 217 als fremdwort betrachtet, warum? lat. t + r aber wird dr zb. piedra, padrone. Da für die zeit der germ. invasion bereits der wandel in dr als vollzogen anzusehen ist so musste got. fôdr. zu sp. *fodro werden. Ausserdem aber erwarten wir analog dem ital. spuola hier *fuedro. Entlehnung aus dem frz. aus jener frühen zeit, da sich o noch nicht diphthongiert hatte, anzunehmen, ist schon aus dem grunde unmöglich, weil in derselben zeit das frz. auch noch sein -dr-, mindestens noch -dr- besass. Das sp. wort ist sicher entlehnt, vielleicht aus dem späteren fr. feurre, wobei das span. dem ö-laut sein o „substituierte." Ueber forraje bemerkt Pascual Rev. Esp. 19, 527: „para qué forraje, si es mejor decir paja? pregunta Don Diego Hurtado de Mendoza, quien le considera italianismo y en tal concepto, reprende su uso al capitan Pedro de Salazar, sin justizia por cierto, pues ya le habia usado D. Luis de Avila Zuñiga en la Guerra de Alemania pag. 27 y 44." — Noch bedenklicher ist des von Waltem. p. 77 hierher gestellte, dem span. nicht angehörende, nfr. *leurre* = afr. loirre? Abgesehen von der abweichenden entwickelung des ital. logoro, welche sich allenfalls erklären lässt, müssen auch die älteren frz. und prov. formen auffallen. Dazu kommt, dass allen älteren germ. dial. das wort fehlt — denn „liederlich" = ae. lýþre ist erst durch volksetymol. an luder angeglichen worden cf. Kluge etym. wtb.³ p. 206, 210 — lautl. schlüsse lassen sich also aus dem worte einstweilen nicht ziehen. — fr. *freux* = ahd. hruoch hat Walt. wohl mit recht unberücksichtigt gelassen, *orgueil* = span. orgullo kann schon aus dem grunde nicht zu dem problematischen *urguolî gerechnet werden, weil dem ur- im got., älteren frk. etc. us- entsprechen würde. Auch der vocalismus passt nicht recht. Die rom. formen weisen auf ein vlg. lat. *orgolium (cf. auch W. Förster R. Stud. III 372 IV 59.) So bleibt von den 4 belegen, welche Franz p. 50 für germ. ô anführt, keiner ganz sicher; da aber für ital. spuola' schwerlich die erklärung in RG I³ 308 richtig ist, wonach in dem uo das ahd. ûo zu sehen ist — denn die diphthonge sind durch die verschiedene betonung scharf gesondert — so würde dieses eine ital. beispiel für die annahme von germ. $\bar{o}$ genügen.

Noch ein span. wort wäre nach EW II 'b hier zu behandeln. sp. *lua*, auch luva (nicht blos im pg.) „handschuh", vom got. lôfa „flache hand". Hier passt weder die bedeutung trotz engl. glove noch die form. sp. -v- -germ. -f-, sp. u = $\bar{o}$??

sp. *tomar*, nach EW. II b zu alts. tômian „ledig machen", also wohl germ. st. *tōm — (oder *taum?) passt wegen der bedeutung nicht recht; diese etymologie ist aber immerhin der von ebensoviel phantasie als unkenntnis der rom. lautlehre zeugenden herleitung vorzuziehen, welche noch a. 1883 Settegast Rom. Forsch. I 250 den staunenden romanisten vorlegte: mutuare *mutvare *motvare *motar tomar!

$\bar{u}$.

Da $\bar{u}$ sich im span. in der tonsilbe und auch vor dem ton fast überall unverändert erhält, ($\bar{u} > o$ in der unbetonten anlautssilbe bei einigen worten bedarf noch der näheren untersuchung) und ebenso germ. û wenigstens in den älteren germ. dialekten keinerlei änderungen unterliegt, so bleibt es natürlich auch in den lehnwörtern gewöhnlich. *bruno* = germ. *brûn, in vortoniger silbe bruñir broñir*): *buco* trabuco (zb. BC. Dom. 480) zu germ. bûk- cf. auch Kluge etym. wb. ³ p. 20 sv. bauchen. *adrunar* „erraten" (BC. Duel. 42) zu germ. *rûna?, *escuma* = got. skûma. Hierher scheint auch *arrufar* (Rz. 1383) zu gehören zu germ. *rûf-? Mit „raufen" kann es aus dem grunde nichts zu thun haben, weil dieses ein germ. *raupjan voraussetzt (cf. Kluge s. v.); nach Baist R. Forsch. I 109 scheint „kräuseln" die grundbedeutung von rûf- zu sein.

ai.

Germ. ai hat sich in mehreren germ. dialekten in ei gewandelt, einen diphthongen, dessen erster bestandteil zunächst wohl e gewesen ist. Dieser übergang hat sich am frühesten im wand. vollzogen, wo er nach Wrede 95 bereits im 5. jh. auftritt. Es ist dies die einzige dial. erscheinung, welche sich im wgot. nicht so früh erweisen lässt. Doch man erwäge das eils = hails im got. hexameter (a. 493?); aber gewöhnlich -ai-: Gailsvindis im 6. jh., während das wand. auf authent. münzen

---

*) Ist die mouillirung schon der älteren zeit angehörig? Alex. hat brunidas str. 818 neben bronida str. 1612.

Geilamir hat; leider fehlen im wand. belege für das 2. compositionsglied, wo westg. Gisaleicus bereits im 6. jh.; allzu gross wird also auch hier der unterschied nicht gewesen sein. Im ahd., auch im fränk. erhält sich der diphthong bis ins 8 jh.; das burg. hat in seinen geringfügigen resten ai, daneben ein e, das Wack. p. 361 f. auf einfluss der roman. schreiber zurückführt. Das lang. hat ebenfalls in der älteren zeit das ai fast durchweg bewahrt. Daraus geht hervor, dass in d e n hierher gehörigen l e h n w ö r t e r n aus älterer zeit d a s ai n o c h gewahrt sein musste. So ist es in der that. Nun besass aber um die zeit, da jene worte eindrangen, das rom. d a s u r s p r. l a t. ai schon l a n g e n i c h t mehr; dieses hatte sich durch ae in ê schon im vulgärlat. gewandelt. Auch das in einigen rom. sprachen s e c u n d ä r a u s a + l-elem. e n t w i c k e l t e ai muss sich wenigstens i m span. schon w e i t e r e n t w i c k e l t und mindestens den lautwert ei gehabt haben, wie das heutige port; dass es bereits' im 8. jh. zu e geworden, ersehen wir aus urkundlichen belegen (zb. freznedo *fraxinetum a. 780) cf. RG I³ 355); sonst wäre nicht zu begreifen, warum dieses ältere ai heute zu e geworden ist, während die germ. lehnworte bis auf den heutigen tag in der betonten silbe das ai gewahrt haben; in der unbetonten silbe trat dafür a ein. Leider sind wir hier für das span. auf ein einziges beispiel in der tonsilbe beschränkt, das aber zweifellos ist: sp. *laido* zu germ *laiþ, hiervon abgeleitet *deslaydar* „verunstalten" FJ. 109a. Dagegen bedürfen die anderen beispiele der strengen kritik. sp. *guayo* erklärt sich am besten durch germ. *waj — (cf. got. waja- in zusammenstellungen); *rada* „rheede" ein spät eingeführter term. mar. ist von Kluge wohl mit recht zum engl. gezogen worden cf. me. rāde, so dass es im späteren mittelalter eingewandert wäre; *raza* „strich" gehört nach Baist Rom. Forsch I 108 zu radius.

sp. *airon* (un texto del siglo X trae aironem Rev. Esp 20, 79, wo?) zu germ. *haigir, *lagotear* „schmeicheln" zu germ. *laig — „lecken" (?), *lastar* „für einen anderen zahlen" zu germ. *laist — (got. laistjan heisst nur „folgen", ansprechender ist die bedeutung des annhd. leisten „praestare", welche also wohl auch dem got. wort zukam; formell am besten passt *laistan), *guañir* „grunzen" germ. *wainjan „wehklagen", *guadañar* „mähen" = germ. *waidanjan „jagen", das freilich nirgend überliefert, auch in der bedeutung nicht ganz unbedenklich ist; aber eine bessere ableitung findet sich nicht.

Dagegen erregt grosses bedenken die herleitung von *abeytar* „täuschen" (Rz. 222. 433; ebenso Alex 360, wo Sanchez und Janer im index abeter schreiben, was Morel-Fatio Rom. IV 35 mit recht bessert) aus germ. *baitan „beitzen" (?) cf. EW. II c s. v. beter; abgesehen von der bedeutung, welche durchaus nicht anstandslos ist, passt die form nicht: germ. *baitan musste im span. zu batar werden.

Im frz. ist dieses germ. ai in der betonten silbe ebenso wie das secundär aus a + J- element entwickelte zu e geworden; hier scheint sich also das secundäre ai länger gehalten zu haben als im span., wie ja auch die altertümliche orthographie zeigt, welche bis auf den heutigen tag das ai bewahrt hat.

Aus unserer betrachtung geht jedenfalls hervor, dass der name des dachses nicht mit den anderen germ. worten in das span. eingedrungen sein kann, da ja germ. -ahs-, das ungefähr wie lat. -ax lauten mochte, sich anders entwickelt haben müsste.

au.

Das lat. au hat bereits, wie wir aus der bekannten anekdote über kaiser Vespasian ersehen (cf. Sueton Vesp. VIII 22) schon zu dessen zeit sich in o gewandelt. Da aber die rom. sprachen bis auf das ital. als grundlage ein au verlangen, so ist ersichtlich, dass jene aussprache nur dialektisch war. Zur zeit, da die germ. lehnworte eindrangen, wurde jedenfalls in Frankreich noch au gesprochen, wie sich aus frz. chose ⁓ causa ergiebt. Die monophthongierung des au > o vollzog sich erst nach dem wandel von ca- ⁓ cha, und an diesem nehmen die fränk. elemente im frz. noch teil. Für das spanische fehlt uns dieser beweis: doch da die germ. lehnw. im span. ihr au genau so entwickelt haben, wie lat. au, so ist wohl auch hier die monophthongierung als noch nicht eingetreten anzusehen. Ganz sicher ist das keineswegs, da gerade der wandel von au o ein so natürlicher ist, dass er sich in den lehnworten später auch selbständig entwickeln konnte.

In den germ. dialekten selbst zeigt sich vielfach diese monophthongierung oder wenigstens wandel in ao, ou, tritt aber nicht so durchgängig auf wie der wandel von ai ei, der auch keineswegs damit in eine parallele gestellt werden darf. Das ahd. erhält noch bis ins 9. jh. das au (Braune § 46 anm. 1), Walt. findet für das westfränk. keine belege von o und hält ot — au für jüngere d. h. „ahd." form*). Lang. und

---

*) Man sieht schon aus dieser gegenüberstellung des westfränk. und des ahd., wie bedenklich es ist, diese dialekte, wie es Walt. gethan, grundsätzlich zu scheiden. Was Walt. als besondere dial. unterschiede des wfränk. festgestellt hat, lässt sich meist darauf zurückführen, dass er zeitlich getrennte dialektformen vergleicht, wodurch er grössere unterschiede erhält, als

burg stehen ungefähr auf einer stufe, indem hier zwar au überwiegt, doch auch o nicht ganz ausgeschlossen erscheint.

Neben au findet sich in einigen namen ao: Aoricus, rex Gothorum Jord 87, 7, Aonulf, führer der Westgothen in Arles (a. 426 cf. Dahn, Könige V 73), Dietrich p. 50 erwähnt Aonulphus, bruder des Odovacar 475. Die annahme Dietrichs l. c., dass hier romanische auffassung des diphth. vorliege, ist durchaus nicht unbegründet. In griech. inschr., welche nach grösserer genauigkeit strebten, findet sich zuweilen ebenfalls ao für au geschrieben (cf. Seelmann p. 222 f.); jedenfalls scheint der weg von au ô im germ. natürlicher über ou zu gehen. Man begreift nach allem nicht, wie aus noch dazu höchst fraglichen wandal. belegen für ao Wrede p. 100 den stoff zu folgender bemerkung schöpfen konnte: „Eins jedoch wäre bei der sonstigen annahme eines wandal. ao interessant, wie ei (zugleich die mittelstufe zwischen altem ai und ahd. ê) als speciell wand. gestalt des got. ai auftrat, so würde sich hier ao (zugleich die, wenn auch vereinzeltere, mittelstufe zwischen altem au und ahd. ô) als speciell wand. gestalt des got. au zeigen — gewiss eine bestechende parallele".

thatsächlich bestehen. Das wfränk. gehört zu den fränk. dialekten und hat, wie eine genaue untersuchung ergiebt, die meiste ähnlichkeit mit dem niederfränk., worüber uns Heinzel so meisterhaften bericht abstattet. Man wird die fränk. dialekte wegen ihrer sonstigen grossen ähnlichkeit nicht von einander sondern können in hochdeutsche und niederdeutsche, weil jene einige spuren der sogenannten hd. lautverschiebung aufweisen. Ein lautwandel, der in so ungleichem umfange wirkt, wie diese lautverschiebung, kann meines erachtens überhaupt nicht gut zur scheidung von dialekten verwertet werden. Solche gruppenbildungen mögen praktischen nutzen haben, aber keinesfalls wissenschaftlichen wert.

Mehrfach finden sich neben mit au- anlautenden namen solche mit e u, so Euredus = Auredus 693 (Bezz p. 8. 9), mehrere germ. namen mit eu- Eubert, Euprand u. s. w. führt Weinhold, got. spr. im dienste d. christent. p. 12 auf, einen burg. Eunandus finden wir bei Wack. p. 397. Hier liegt schwerlich ein organischer lautwandel vor; entweder wirkte, wie Wack. l. c. bemerkt, die analogie der griech. namen mit eu- oder kymr. eu = altgall. avi- cf. PB VIII 411.

Von germ. lehnw. im span. sind zu erwähnen: sp. *botar* (zb. BC. Dom. 77, Alx. 1988) zu germ. *baut- (ae. bêatan), *galopear* zu *ga- hlaupan, *onta* zu haun-, *logia* lonja zu germ. *laubja, *robar* roberia etc. zu *raub-, *lozano* zu *lausa-,*) wohl auch *escotar* (Rz. 231) zu skauts.

Anderer art ist *blavo* = afr. blou, das Walt. p. 80 mit den übrigen eben erwähnten worten in einer reihe aufzählt. Hier liegt *blâv- vor, das im ahd. blâo lautet.

asp. *cosido*, das EW II c choisir und ebenso der allzeit getreue Pascual Rev. Esp. 18, 375 erwähnt, findet sich nur in der bedeutung „genäht", wo es natürlich anderen ursprungs ist.

eu.

Lat. eu hat sich zwar in einigen resten noch ziemlich spät erhalten; die rom. sprachen haben aber nichts davon bewahrt. Von eigennamen gehört hierher Eulalia, die von BC. Millan 95 und Oria 32 Eolalia genannt wird, sonst aber bei ihm Olalia Olalla lautet cf. Mill. 116 Oria 27. 36. Dom. 637 etc.; auch Eoropa Jord. 54,11 = Europa.

---

*) In dem span. wort mag ein n-stamm vorliegen, wie er sich secundär aus dem a,-stamm lausa- entwickeln konnte cf. PB. VIII 392.

Das germ. eu wird bekanntlich bei Wulfila durch iu wiedergegeben, die romanen aber schreiben in geschichtswerken etc. fast durchgehend **eu**. Wohl findet sich daneben auch iu, besonders häufig in zusammensetzungen mit liuba-, wofür wir einen inschr. beleg haben Liuvigildus a. 573 (JHC. n. 76), ebenso lang. Liuprand (a. 752) etc. Die eigennamen in den einzelnen dialekten gewähren ein so schwankendes bild, dass weder zeitlich noch räumlich für jetzt sich scheidungen feststellen lassen. An stelle des eu findet sich mehrfach **eo**: doch scheint sich das auf Theoda- und Leova- zu beschränken. Dort erklärt es sich durch eine bewusste anlehnung an gr. Θεο-, welche wohl schon Theodorich dem Grossen vorgeschwebt haben mag. Wenigstens findet sich auf münzen bereits eo cf. Mommsens ausg. des Jord. p. 144*); bei Leovildus u. dgl. scheint eine anlehnung an leo nicht unwahrscheinlich. Nennt doch BC. Millan p. 289 einen ganz gut romanisch aussehenden Leovirgillo, der sich bei näherem zusehen als *liuba-gilds entpuppt.

Die hierher gerechneten **germ. lehnworte** sind äusserst zweifelhaft. Am sichersten erscheint das bereits im aspan. häufige *esquivar*, esquivo = ital. schivare. Die bedeutung weist auf ahd. skiuhan, das aber wegen des in den verschiedenen roman. sprachen vorhandenen v eher ein *skiuwan voraussetzen lässt. Im ahd. findet sich w als übergangslaut zwischen zwei vokalen zuweilen (cf. Braune § 110 anm. 2); inwieweit dies in den älteren germ. dial. ebenfalls möglich wäre, verdiente wohl eine eingehende untersuchung.

---

*) Die anlehnung ging sogar so weit, dass aus einem Thiuda-hard ein Deodatus wurde (cf. Weise Zts. f. völkerpsych 1880 p. 223): aus Hunjareiks ward Honorius (Andresen d. volksetym. p. 25), und der beiname Flavius, welchen die westg. könige seit Recared trugen, ist wahrsch. = frauja (Stark 58 anm 2) it. sp. *tregua*, pr. treva afrz. triue, treve von RG. I³ 310 hierher gezogen, setzt germ. *triwa *trëwa voraus, was sich wohl auch mit dem von Kluge s. v. treu angenommenen vorgerm. *drewa vereinigen liesse.

Das dritte von RG. l. c. erwähnte wort sp. *quilla* = fr. quille zieht noch Walt. p. 99 mit Diez zu kiol, das, wie er behauptet, die bedeutung „kiel" hat. Hier hätte er, wo er „dtsch. i vor einfacher konsonanz" behandelt, zunächst erwägen sollen, dass io doch nicht dtsch. i ist, sondern auf germ. eu zurückweist. Das wort hat überhaupt nichts mit dem unseren zu thun: es bedeutet „schiff", nicht „kiel" (cf. Kluge s. v. kiel 2) = altn. kjóll. Dagegen weist altn. kjölr „kiel" auf germ. *kil cf. amhd. kil; von *kilja, einer ableitung dieses worts, stammen die romanischen quilla etc. (cf. auch Müllenhoff Jahrb. d. vereins f. ndd. sprachf. 1880 p. 182 f.). Selbst *quille* „kegel", das Walt. unbefangen zu „kegel" = frk. *kigil (?) zieht, ist nicht ganz unbedenklich. Der ursprung des wortes „kegel" ist selbst noch ungewiss cf. Kluge s. v. kegel¹). Sollte es nicht aus kîl „keil, pflock" entstanden sein? Man erwäge, dass es im ahd. chegil in der that diese bedeutung hat, dass nach î sich öfter ein g einschiebt (zb. frîgêr zu frî cf. Braune § 117) im ahd., und wenn auch der wandel von i zu e bedenklich sein mag, so ist er vielleicht doch noch zu begründen. Dem sei nun wie immer: frz. quille „kegel" kann nicht aus „kegel" entstanden sein, sondern nur aus *kilja.*)

Hierher ist aber vielleicht zu ziehen *britar* „brechen"

---

*) Zu beachten ist übrigens, dass frz. quille wegen seines anlauts nicht zu den frühesten germ. lehnwörtern gerechnet werden darf. Möglicherweise liegt entlehnung aus einer anderen rom. spr. vor.

in e. urkd. bei Fern. Guera 78 (wohl pg. lehnwort Gessner leon dial. p. 35) aus germ. *breutan got. briutan wegen ae. brêotan altn. briòta. — Dieses etymon passt formell unbedingt besser als ae. brittian, das EW II b erwähnt.

Consonantismus.

Liquidae.

L.

l wandelt sich im span. vielfach in d und r; sowohl im anlaut als im inlaut. Der übergang von lexar in dejar, den schon Dozy 1869 (Gloss. p. 99 s. v. alexixas) richtig erkannte, braucht nicht mit Cornu Rom. IX auf „dissimilation" zurückgeführt zu werden. Er ist bei der dentalen artikulation des l so natürlich, dass äussere einflüsse hier nicht gesucht werden müssen; wenn auch vielleicht zuzugeben ist, dass in der nachbarschaft eines anderen l dieser wandel leichter eintreten konnte. Als eine „assimilation" des l an d betrachtet es Stark p. 34, wenn für Ludo zuweilen Dudo auftritt; hierher stellt Kremer PB. VIII 428 auch den westg. Dudila (nach Bezz. p. 9 = ahd. Tutilo). Auch von einem wandel des l- r- berichtet unser span. namenverzeichniss. In einer hds. des F. J. XVI a. findet sich Reubegildus = *liubagilds.

Von lehnworten ist hierher zu ziehen: sp. *galardon* gualardon = *widarlaun, wobei der wandel von l ~ d wohl hauptsächlich durch anlehnung an lat. donum zu erklären ist. Auffällig mag es immerhin erscheinen, dass diese anlehnung sich auf allen rom. gebieten gleichmässig vollzogen hat.

sp. *sala* salon saleta etc. zu germ.*sala, *estalo* estala zu *stal-, *mala* maleta zu *mala*).

lat. -*ll*- wird im span. l, germ. -ll- aber zu l in *esquila* „schelle" = got. *skilla oder skëllâ (Walt. p. 102): der vokal i ist schwer zu erklären. Zwar hat nsp. i = e vor ll, wo die ältere sprache noch ie schrieb zb. castillo = asp. castiello (PC. 98); aber dieser wandel hat sich eben erst in moderner zeit vollzogen, während esquila sich bereits PC. 1673 findet. Ein anderes beispiel ist *bala*, balon zu germ *balla. In beiden Fällen ist einfaches l eingetreten, so dass also die lat. gemination anderer art gewesen sein muss als die germ.

sp. *faldistorio* aus germ. *falda stôlja hat sich entwickelt wie ein lat. *faldistolium. [Wegen -rio aus -lium cf. sp. lirio = lilium.] Auf dieselbe form weist auch afr. faudestueil nfr. fauteuil, welches sich aus einem frk. *faldistôl (Walt. p. 77) nicht erklären lässt. Dagegen scheinen die afr. formen faudestuet faudestuef u. dgl. auf ein aus *faldistôl entwickeltes *faldistôd zurückzugehen. Die populäre form des lat. lj ist span. j, diese finden wir wieder in span. *gasajado* „vergnügen" (zB. BC. Millan 43, Or. 150, Rz. 732, 1290 etc.) zu *gasalja, daneben gasanvado Apoll. 363 (dialekt. form?); dagegen ist germ. *kilja durch span. quilla wiedergegeben (cf. oben p. 34); ebenso hat sich auch lat. lj in einigen, wie es scheint, weniger volkstümlichen formen zb. maravilla batalla entwickelt. Jenes faldistorio, das in der älteren sprachperiode, so weit ich sehe, nicht überliefert ist, wird vielleicht aus dem gleich-

---

*) Das ahd. hat die ableitung mala-ha, dem got. *malha entsprechen würde. Die rom. sprachen aber setzen die unabgeleitete form voraus. Wie kommt eigentlich Walt. p. 98 auf sein frk. *malha malacha? Das geht doch aus seiner darstellung des fränk. nicht hervor, dass -h- sich in -ch- verwandelt.

lautenden ital. wort entlehnt sein; hier findet sich der übergang von l > r ebenfalls häufig.

lat und germ. -*lm*- haben sich bis heute erhalten cf. sp. *yelmo* (=*helms), wie olmo (= ulmum).

Gegen *ln* scheint nach EW II b alamo der spanier eine gewisse abneigung zu besitzen. Baist Rom. Forsch. I 132 bringt ausser den von Diez angeführten beispielen noch einiges weitere zur stütze dieser behauptung. Prüfen wir einzeln. candado ist nicht aus calnado, sondern aus *cadnado = *catenatum entstanden; aus candado schon früh cañado PC. 3 (ähnlich pendar Alx. 444 — *pectinare). alatron neben anatron lässt sich nach DE p. 59 durch eine arab. nebenform erklären; aber auch ohne das vorhandensein einer solchen nebenform ist der wandel von n > l weder im arab. noch im span. auffallend zu nennen, während die von Baist wie es scheint eigens ad hoc erfundene mittelform *alnatron den lautgesetzen des arab., die eine assimilation des l an folgendes n verlangen, sicherlich widerspricht. Das span. konnte allerdings das l einschieben; aber wozu eine solche form annehmen, wenn der wandel sich viel einfacher ohne einschiebung u. dgl. erklären lässt? jalde ergiebt sich schon durch seinen anlaut als entlehnung aus dem prov. (resp. frz.) zu erkennen, und da das prov. nach EW I giallo neben jalne auch jalde besitzt, so scheinen die spanier, um die richtigkeit jenes lautgesetzes zu erweisen, eigens die ihnen unbequeme form jalne entlehnt zu haben, um sie nachher in die bequemere jalde umzuformen. So bleiben noch übrig alnafe neben anafe, dessen von DE p. 184 gegebene etym. sehr problematisch ist, und alno neben alamo, deren zusammengehörigkeit durch EW II b auch nicht völlig erwiesen scheint — warum eigentlich, so frägt man unwillkürlich,

behielten die spanier alno bei? — Dass alnado unüblich
geworden ist, mag sein — in meinem wörterbuch fand
ich keinen vermerk darüber —; im übrigen ist alnado
auch durchaus nicht die gewöhnliche entwicklung aus
*antenatum. Es scheint hier früh an stelle von ante-
natum ein *adnatum eingetreten zu sein, aus welchem
sich nach dem gewöhnlichen gesetz andado bildete,
aber auch alnado entstehen konnte. Nur die erklärung
von Baist für ana = alna, dass hier die arab. behandlung des artikels von einfluss gewesen sein könnte, wage
ich nicht anzutasten, da ich selbst keine bessere zu
geben im stande bin. Das wort ist freilich eines der
schwierigsten von allen, die ein gegenstand unserer
untersuchung waren. Am besten wird es noch sein, ein
vlg. lat. *alna mit Gröber W. Arch. I 238 anzunehmen
neben klass. ulna. Aber wie diese .vlg. lat. form erklären? Aus got. aleina (ei verschrieben für i? Kluge
s. v. elle) wäre span. *alina geworden und aus frk. *alina
(diese form nach ahd. elin) hätte aline entstehen müssen.
Also nicht an dem frz. a mit Gröber, sondern an dem
i nehmen wir anstoss. Walt. freilich, der das wort nicht
bringt, würde nach p. 90 wohl schwerlich sich über das
wort bedenken gemacht haben. Wenn seine regel, dass
„die auf der antepaenultima betonten frk. appellativa
den ausfall des nachtonvocals erfahren" richtig wäre,
dann stände die etymologie fest. Aber sie ist leides
nicht richtig. Walt. hat nicht bemerkt, dass in frk.
germ. *haunida für d im frz. d hätte stehen müssen;
wir haben in span. *ontar* = frz. *honter eine ableitung
aus dem vb. sp. *onir = frz. honnir mit -tar (cf. ähnliches in RG. II³ 401); zu ontar = frz. *honter gehört
onta frz. honte als verbalsubstantiv. Bedenklicher noch
ist das zweite beispiel Walt.'s: *jatte*<*gabita. Denn
gabata ergab allerdings im laufe der zeit *gabita, ist

aber nicht germ. herkunft, sondern lat. (cf. zb. Martial 7, 47, 3 bei Georges); das germ wort ist aus dem lat. entlehnt und darum mit recht von Franz behandelt. Das dritte beispiel aber ist *enganer*, nach Walt. aus *ingamanon, wo also sogar das a gefallen sein soll. Hier nehmen J. Bauer GZ. II 593 und Rönsch ib. III 102 mit recht als grundlage *gannare an (cf. auch Reich. Gloss. I 521: ad deganandum). Und so ergiebt sich in diesem falle zwar nicht, dass die ausnahme die regel bestätigt, aber, was vielleicht noch seltener sich ereignen mag, dass die ausnahme die regel selbst ist. Denn das von Walt. in die anm. 1 versetzte wort afr. falise ist die auf romanische art betonte form aus frk. *falisa.

Nach dieser vielleicht nicht ganz unnötigen abschweifung mag ein zweites bedenken nicht unerwähnt bleiben, das mir bei alna ana aufgestossen ist und gleichsam die kehrseite zu diesem vorgang betrifft. Eine schon im altertum bekannte pflanze, welche im lat. *inula*, gr. ἐλένιον, nhd. alant genannt wird, hat im span. die bezeichnungen enula und ala, von denen die erstere ohne zweifel aus dem lat. inula stammt, aber auch die andere sowohl nach EW. I enola als auch nach Gröber W. Arch. III 267 hierher gezogen wird. Einen versuch, dies irgend wie zu erklären, finden wir weder dort noch hier. Es findet sich freilich der wandel von e vor gedecktem l in a (cf. oben p. 16 Alfonso = Ildefonso), aber doch nur in vortoniger silbe. Aus *en'la konnte wohl *elna werden, aber selbst wenn wir den sonst nicht vorkommenden wandel e > a in der tonsilbe zugeben würden, so ist nicht recht einzusehen, warum hier sich alna in ala wandelte, während es ein ander mal ana wurde. ala ist also wohl anderen ursprungs als enula; und wenn nach Isidor die bauern den namen „ala" für das gelehrte „inula" hatten, so werden wir hier eine alteinheimische bezeichnung der pflanze zu sehen haben, womit mnhd. „alant" vielleicht zusammenhängt.

-ld- hat sich in den germ. lehnw. unverändert gehalten. *falda, faldistorio, gualdo* „gelb" (= germ. *wald-? engl. weld); das ital. hat hier ebenfalls -ld-, wohl ein beweis, dass diese worte schon früh eingedrungen sind, sicher vor der lautverschiebung im lang., welches die hierher gehörigen namen fast durchweg mit -lt- schreibt.

Eine assimilation des d an l behandelt bereits Stark ausführlich p. 22. Zu seinen belegen aus dem span. mag noch hinzutreten Illefonsso = *hildi- funs BC. Milag. 57 und das bereits erwähnte Leovirgillo BC. Millan 239. Aehnlich können wir wohl auch mit J. Kremer PB. VIII 453 Marispalla aus *maris-balpa erklären; sonst scheint sich *-balpa gewöhnlich in *badus zu wandeln, wo andere herleitung aus badu- „kampf" vermuten.

-lc- nur in *mariscal* aus *marha-skalks (marha kelt.? cf. Baemeister kelt. br. p. 41) *maraskalks, woraus nach roman. compositionsgesetz *mariskalk wurde; das ital. passte sich das wort durch anhängung des o an, das span. und franz. warf von der ungewohnten doppelconsonanz im auslaut den zweiten bestandteil ab. Ebenso ist *senescal* sinescal aus *sini-skalk entstanden.

R.

Lat. r ist im span. anlautend meist erhalten, inlautend verfällt es, wie natürlich, häufig dem übergang in l, seltener in d*).

Hierher gehört *espuela* nebst ableitungen (cf. oben p. 20 zu *spor-. Dafür hat Alx. 84, 1611, 1806

---

*) Beispiele bei C. Michaelis, Studien z. rom. wortsch. p. 235.

espuera; doch ist dies, wie der reim in str. 84 zeigt (scola : espuera : avuela : moçuela), erst vom copisten hineingesetzt. Ihm werden wir auch das r in esporonada Alx. 598. 1885 esperonada ib. 650 zuschreiben. Auch der sprache des erzpriesters von Hita gehört espuela an, cf. str. 586, wo fast dieselben worte wie Alx. 84 im reime stehen (escuela : mozuela : espuela : duela).

Der wandel r > l ist ebenfalls durchgeführt in *albergar* etc. zu *hari-berga.

Bewahrt ist das r in *tirar* zu germ. *tir- (cf. got. tairan; ahd. zerran ist wohl = *tirjan?)*) Ist das wort übrigens sehr volkstümlich in Spanien? Aus der verwendung allein kann man es noch nicht schliessen.

Epenthese des r, wie sie im span. in mientre, ähnlich auch in anderen roman. sprachen auftritt vor allem nach gedecktem t*), ohne dass wir hier durch annahme von analogiebildungen u. dgl. m. überall zu einer annehmbaren erklärung gelangen können, weist auch unser namenmaterial auf; so heisst der sohn des königs Silos (780) Adelgastro (cf. zb. Esp. sagr. 37, 306), wohl = *adal-gasts, so ein praef. Suavis Hisp. a. 456 457 Agrivulfus Jord. 117, 10, nach Müllenhoff im index = *agia-wulfs, und ähnlich müsste der name des mörders des königs Turismund, Ascalerus, erklärt werden, wenn Dahns vermutung, dass er aus skalks „verdorben" sei, richtig wäre. (Könige V 82). Aber mit recht bemerkt Müllenh. z. Jord. 116, 12 (p. 147 des index): „haereo in nomine. nam praefixum â, quantum scimus, defuit, ut

---

*) Walt. p. 75 erklärt frz. tirer aus frk. *tirran; warum aber vereinfachte sich hier die doppelconsonanz, während sie in guerre = frk. *wirra (Walt. p. 99) blieb?

**) cf. zb. ital. inchiostro frankoit. clostre frz. encre < in. caustum, frz. registre chapitre < regesta capitulum u. dgl. m.

Norroenae, ita Goticae linguae: nec, si non defuisset, Ascalc libertus foret, ut Langobardorum âmund = liber (ab omni tutela)".

So könnten wir denn auch span. *lacra* „mangel" mit EW. II 6 zu engl. lack ziehen, also ein germ. *lak- als grundlage annehmen.

Ausfall des r in der nachbarschaft eines anderen r zeigt sich in Fadrique Alf. XI str. 486 (cf. oben p. 17).*)

span. rr = lat. rr ist von einfachem r scharf geschieden. Ebenso wird germ. rr behandelt *guerra* = germ. *wirra.

lat. -rj- blieb in keiner roman. sprache unangetastet, ein zeichen, das schon im vlg. lat. gewisse wandlungen mit diesem laute vorgegangen waren. Jedenfalls war die attraktion des j an den tonvocal schon vor der germ. invasion abgeschlossen. Die palatalisierung des j, wie sie sich im frz. cierge, afr. serorge (= sororius) u. dgl. (RG I³ 183) zeigt, ist dagegen noch nicht vollendet. Diesen wandel zeigen fr. *bourgeon* „knospe" = frk. *burjo (Walt. p. 100) und *esturgeon* „stör" = frk. *sturjo (Walt. p. 101). Auffällig ist, dass bei diesen beiden worten dieselbe grundlage zu verschiedenen formen geführt haben soll, einmal *ou*, das andere mal *u*. Auch im span. lautet es esturione. Auf dieser grundlage möchte man germ. *stûrjo aufbauen, dem aber ital. storione widerspricht. Walt. hat auch hier keinen anstoss genommen. Seinem principe getreu, die lautgesetze so festzustellen, wie sie ihm passen, nicht wie sind, entdeckt er auf einmal, dass -rj- eine „einfache consonanz" ist.

Wie lat. -rm- im span. zuweilen zu -lm- wird, nennt auch FJ. XVI a. den sohn des königs Leovigild Elmisildo = *airma-gilds, einen anderen wandel

---

*) cf. auch Federicus Fericus bei Stark 185.

constatiert J. Kremer PB. VIII 457, wenn er Himnerith (Jord. 107, 22. 5. jh.) aus *airma-rēps ableitet. Hierher wohl auch burg. Hymnemondus Ymnemodus (Wack. 396 s. v. Ememundi).

Zu erwähnen ist sp. *gormar* „sich erbrechen", das EW. II c gourme mit altn. gormr „schlamm" vergleicht, also wohl zu germ. *gorm?

lat. -rn- ist im span. gewöhnlich geblieben; so auch meist in den germ. eigennamen: Arnegisclus (mag. mil.) Jord. 42, 25, Bernardus etc., über einen ziemlich häufigen wandel von rn nn zb. Annila, Annemundus etc. cf. Stark p. 51 f. Das häufige Ferrando Ferran = *Friþu-nanþs wird wohl aus Fernando = Ferdinandus = Fredenandus sich entwickelt haben.

germ. -rb- blieb. Doch scheint das einzige hierher gehörige beispiel *turba* = germ. *turba aus fr. tourbe entlehnt.

germ. -rd- blieb. sp. *barda* = germ. *barda? (altn. bardi „schild"), *borda* zu germ. *bord, *ardid* zu germ. hard-, *alabarda* zu germ. *barda*). Auch in dem eigennamen Bernardus bleibt -rd- gewöhnlich, doch findet sich daneben Bernaldo Rz. 133, auch Bernal (a. 1315 in CLC. 1 p 264). Dagegen wird in Bernad (a. 1099) wohl schwerlich mit Stark p. 184 lautlicher ausfall des r, sondern schreiberversehen vorliegen. Zu berücksich-

---

*) Das wort ist übrigens durchaus nicht früh in den roman. sprachen belegt. Für das pg. stammt der älteste beleg Vieiras aus dem jahre 1594; Littré belegt das wort aus dem 15 jh. und über das span. bemerkt Pascual Rev. Esp. 20, 79: Se cree por algunos que la alabarda fué introducida en España á principio del siglo XVI, quizá por don Felipe el Hermoso. Diesen daten, über welche eine genauere kenntnis der kriegsgeschichte wohl noch helleres licht verbreiten würde, widerspricht der sprachforscher. Aus hellebarte wenigstens, noch weniger aus helmbarte oder dgl. kann alabarda nicht entstanden sein.

tigen ist freilich Fadrique Alf. XI str. 486 (Federicus)
= *friþu-reiks.

In Ricart BC. Dom. 668 Richalte Conde Luc. 3 haben
wir aus anderen sprachen entlehnte namen.

-*rht*- in Bertranus (CLC. 1 p. 33 a. 1115) Beltran
PC. 3004 = *bairht-brabans, oder kelt.? (Stark. p. 26).

-*rg*- : Burgos, burgo.

-*re*- : *marco* PC. 135, marca = fr. marche aus germ.
*marka (fr. marque ist natürlich lehnwort).

-*rp*- arpa „harfe" = germ. *harpa.

M.

bleibt fast durchweg unverändert im span; die
lehnworte erleiden natürlich auch keine änderung.

mp in *estampar* eindrücken = germ. *stampôn ahd.
stamphôn.

Einschiebung von m findet sich in sp. zuweilen vor lab. und nach a, zb. amberso „vorder-
seite e. münze" (aversum); sollte ebenso *trampa* „falle"
= pr. trappa aus germ. *trap- (cf. ahd. trapo „schlinge"
EW. 1 trappa) zu erklären sein? Nicht unmöglich wäre
dann auch *rampa* zu *rap- cf. EW. 1 s. v. rampa und
rappare.

N.

Für lat. n trat zuweilen aus „dissimila
tion" ein l ein; ähnlich sp. *gonfalon* gonfanon aus
*gundfano zu erklären.

Einschiebung von n führt Wrede p. 58 auf rom.
einfluss zurück in wand. Gensericus = *gaiza-reiks, cf.
auch Stark p. 63 anm. 4; häufig ist vor allem Trausamun-
dus = þrasamunds wegen lat. trans.

nl < ll vielleicht in Salla cf. Stark p. 66.

Während *lat. nj* im span. ñ wird, schreibt man

noch in später zeit die germ. eigennamen mit nj. Suniagisus 693 = *sunjageis Bezz. 11, ähnlich Sunicfred, burg. Sunia Conia Coniaricus (Wack. 347). Gehört hierher sp. *guiñar* = ital. ghignare afr. wignier (Förster GZ III 265) = germ. *winjan, aber was bedeutet das germ. wort? Nicht ganz unbedenklich erscheint auch die herleitung von *fango* „schlamm" aus *fanj-; die sonstigen beispiele der „verhärtung" (EW I s. v.) des j > g, c gehören dem verb an, sind also wohl auch auf andere weise zu erklären. Man muss immerhin erwägen, dass das lat. ein gleichbedeutendes wort besass, dass vielleicht auch formell passender sein könnte. Sollte das von Festus überlieferte famicosus, welches Diez verwirft, uns nicht auch auf *famicum weisen können? Aber das suff. -icum scheint sonst im lat. nicht vorhanden zu sein und prov. fanh weist auf *fanj. Das einzige wort des namenmaterials, das den wandel von nj zu ng hat, Singerich = *sunjareiks Isid. hist. Goth. 33 (cf. Dahn Könige V 86), kann nicht zur begründung der germ. herleitung von fango verwandt werden. Hier ist -ge- nur eine auch sonst bekannte bezeichnung des -je-.

-*nd*- bleibt gewöhnlich: westg. Landericus 688 = *landareiks, Gandaricus; doch tritt später vielfach der Uebergang zu nn ein, beispiele bei Stark p. 31, freilich keine span. Doch wird Roldan (Alf. XI str. 1739; BC. Millan 412) kaum anders zu erklären sein als aus *Rodlannus durch metathesis. Die ersten spuren der lautverschiebung finden sich in dem namen Chintila 7. jh. = *kindila PB VIII 458. In den apellativnamen findet sich dieselbe noch nicht, cf. *bando* banda zu germ. *band, *cundir* *kundjan.

-*ndm*- in Mummulus < mundmuls PB VIII 459.

germ. -*nþ*- wird zuweilen noch mit þ geschrieben, so in

Svinthilanus (JHC. n. 161), Suinthi- liuba zu *svinþa, dafür tritt aber auch -nd- und -nt- ein, ohne dass es gelingt, chronologische resp. dialekt. scheidung für diese fälle zu schaffen. Suintericus 675 (— *svinþa-reiks Bezz. 11), Receisvinti 650 (JHC. n. 170), Sintila bei Smaragd, dagegen Sinderith 6. jh. Sinduitus 675 (westg.), Requisindus 693, ebenso burg. Nandoredus Eunandus Wack. III 354 u. s. w.

-ns- ist schon im vlg. lat. s geworden; von den german. dialekten haben in späterer zeit einige denselben wandel durchgemacht; das wulfilanische got. hat ihn nicht. Ob ihn später wandil. dialekte entwickelt haben, lässt sich in der that nicht aus einigen unsicheren namen entscheiden cf. Wrede p. 108. Lehnworte, die hierher gehören, sind leider nicht vorhanden.

-nc- blieb: *banco* bancal etc. zu germ. *bank-, *blanco* blanquear zu *blank, *franco* franquedumbre (FJ 180 b) zu *frank.

-ng- erhält sich gewöhnlich: westg. Amanung 653 Amanungus 636 — *amanuggs (Bezz. p. 8), Ingildus 7. jh. - igga-gilds PB VIII 458; derselbe name auch burg. Wack. III 369; aber es findet sich auch Amanuncus (westg. conc. 638); und so werden wohl doch die bedenken verstummen müssen, welche man gegen die direkte herleitung von *esplinque* „fessel" aus germ. got. *springa — ahd. springa „fessel", von *arenque* aus got. *hariggs haben möchte (cf. oben p. 13).

Labiales.

B.

lat. b- blieb im span., germ. b- ist zur Zeit der invasion noch nicht verschoben. Gegenüber westg. Balderedus 681, 693 Baldvigius 656, Balthi (regia stirps Vesegotharum) Jord. 64,22, ähnlich burg. Baldaridus (a. 488) Baldaredus (a. 487) cf. Wack. 351. 369 muss Marispalla (JHC n. 135 a. 485) = *marisbalþa (PB VIII 453) gerechtes bedenken erregen. Entweder ist die deutung nicht richtig, oder, was noch wahrscheinlicher ist, der steinmetz hat sich versehen. Daraus lautliche schlüsse zu ziehen, wäre gewiss verfehlt. Das langob. hat seit der mitte des 8. jh. die lautverschiebung durchgeführt. Adalperga (a. 768) Agepertus (a. 773) Albileopa (a. 752) u. dgl.; die alten lehnworte des ital. zeigen natürlich ebenfalls noch keine spuren derselben, ebensowenig wie die span. oder franz., also banco, bordo u. dgl.

-b- hat in den meisten roman. sprachen spirant. character, so dass es im frz. volkstümlich zu v geworden ist; das span. schreibt -b- und -v-, ohne dass dadurch eine wesentlich verschiedene aussprache bezeichnet werden soll. So erscheint es also ganz natürlich, dass die romanen das spirantische germ. -b-, das im wesentlichen denselben character gehabt haben muss wie das roman., durch ihr b wiedergaben. Man kann also für die einzelnen germ. dial. aus rom. zeugnissen nicht recht bestimmen, welchen b laut sie gehabt haben, und wenn Walt. p. 57 behauptet, dass die got. „weiche spirans"-b im fränk. zur „media" b geworden, so steigt ihm über diese kühn behauptete lautregel p. 88 ein leiser zweifel auf, wo er fr. v = frk. intervok. b (= weiche spirans?)*) aufstellt. Aus der ferneren entwicklung des lautes also geht unzweifelhaft hervor, dass das westfränk. noch die „weiche spirans" besessen hat.

Vielfach finden wir in den eigennamen -v- < -b- geschrieben, wo also der spirantische charakter des lautes deutlicher ausgedrückt wird. cf. westg.: Gibericus Givericus (cf. J. Kremer PB. VIII 455). wandal. Gabadus und Marivadus (Wrede p. 103). Aus dem zufälligen fehlen eines solchen v wird man selbstverständlich keinen schluss ziehen dürfen.

P.

Dass das lat. -p- zur zeit der germ. invasion bereits auf dem wege nach -b- im span. begriffen, also vielleicht eine stimmlose lenis war, erscheint a priori wahrscheinlich. Die vorhandenen lehnworte sind leider nicht sicher genug, um die frage entscheiden zu können. sp. *estrapada* „riss" zu germ. *strap-, *trepar* zu germ. *trip- (cf. ob. p. 18), *guapeza* „prahlerei" zu germ. *wap- (ac. vapul „wasserblase"). Ueberall also erhaltung des p, während lat. -p- -b- wird.

-*pj*- nur in *hacha* = *bapiâ (wfränk. happjā Walt. p. 65) nach Förster GZ. III 264, also genau wie lat. -pj entwickelt.

V.

germ. -*ej*- j, wie lat. vj, wenn Tayo = têvja richtig wäre, cf oben p. 22; auch die germ. lehnworte

---

*) p. 70 s. v. graver hegt er gar keinen zweifel an der weichen spirans.

im span. aleve und ataviar können wegen ihrer unsicherheit (cf. oben p. 22) nichts zur entscheidung beitragen.

Das *germ. labiolabiale w* entsprach durchaus nicht dem lat.-rom. v; der romane gab jenes durch gu wieder, wenigstens im anlaut: *guañir* (*wainjan), *guante* (*wanta)*) *guardar* (*wardan), *guarir* (*warjan), *guarnir* (*warnjan), *guerra*, gerra PC. 865 (*wirra), *guisa* (*wîsa)**) etc.; im inlaut vielleicht tregua (= *trewa?).

Wie diese „lautsubstitution" zu erklären ist, mag zweifelhaft erscheinen; ganz klar ist es wenigstens noch nicht, ob der germane bereits das g im anlaut gesprochen hat. Für rom. einfluss spricht das moderne esguizaro = Schwizer.

Abweichend hat sich *boga* (zu *wag-) entwickelt, nach Diez infolge von dissimilation.(?)

-*wr*- liegt in zwei sich widersprechenden belegen vor. sp. *garañon* (nicht guarañon, wie es EW. I⁴ gnaragno lautet) = germ. *wranja, bereits Rz. 1379 belegt, wogegen ich das von Diez erwähnte asp. guaran leider nicht belegen kann.

Das andere wort ist *renco* „lendenlahm" *wrink. Hier setzt Walt. p. 71 zwar frk. *renk an. Da aber

---

*) „wanten sind die gestrickten handschuhe der nordd. seeleute". Breusing Jb. d. v. f. ndd. sprachf. V p 17.

**) Kluge, der etym. wb. s. v. weise und Gröbers grundr. p. 387 das germ. wort wisa als westgerm., resp. nicht got. betrachtet, hätte aus dem vorhandensein des span. worts guisa auch auf ein got. wisa schliessen sollen. So betrachtet auch Zimmer HZ. XIX 456 westgerm. wirra, das im ostgerm. nicht vorhanden sei, als einen beleg für die abweichung des ost- u. wgerm. im wortschatz. Wie aber erklärt man span. guerra? Sollte es nicht auch hier bedenklich sein, aus dem nur fragmentarisch uns überlieferten wortschatze des got. irgend welche schlüsse ziehen zu wollen?

nach Braune § 106 anm. 1 das nfrk. noch im 14. jh. das w- vor r aufweist, so erscheint es kaum wahrscheinlich, dass das nahe verwandte wfränk. schon vor dem 8. jh. das w- abgeworfen haben sollte. Zu läugnen ist freilich nicht, dass sich so am leichtesten der unterschied in der entwicklung beider worte erklären lässt*).

w- qu findet sich in einigen namen: Quinigia *winigauja cf. J. Kremer PB. VIII 454; so wohl auch Quindulfus (Esp. sagr. 37, 315 a 850) zu *winda- und ähnlich qaico JHC. n. 97 (5. od. 6. jh.) mit Förstemann Kz. 20, 438 = waihjo?

Ausfall des w- in Oscandus *wunskjands PB. VIII 459; ähnlich wird der name der provinz Andalusia zu waudal- gezogen. Darf so auch sp. *impla* „schleier" fr. guimple (cf. EW. II c s. v.) aus *wimpal erklärt werden?

F.

Der wandel von f > h**) hatte sich zur zeit der germ. invasion noch nicht vollzogen, wie nsp. halda — asp. falda (BC. Loor. 2: Rz. 127) aus germ. *falda zeigt. Auffällig muss es erscheinen, dass bereits Rz. 945, 985 hato „kleidung" für fato germ. *fat- schreibt. Wahrscheinlich haben wir diese ungleichheiten dem einflusse des copisten zuzuschreiben.

Der wandel von *fr* fl, so häufig im span., hat auch auf die span. behandlung germ. namen gewirkt. So wenigstens werden wir mit Stark p. 53 anm. 2 den titel der späteren westgot. könige Flavius aus franja

---

*) Warum aber leitet dann Walt. p. 75 fr. rider von frk. *wridhan ab?

**) Die physiologische erklärung desselben bei Lenz „zur physiol. d. palatalen" p. 55 f.

am besten erklären Es mag sein, dass die anlehnung an den gleichlautenden römischen namen eine concession an die römer gewesen ist (cf. Dahn Könige VI 522); aber es ist nicht daran zu denken, dass dieser name wegen seiner bedeutung „blondhaarig" gewählt worden sei. Als ein vorzug des germ. königs vor seinen grossen germ. abkunft konnten doch wohl blonde haare nicht betrachtet werden. Ob überhaupt die etymologie des lat. Flavius zur damaligen zeit bekannt gewesen sei, mag demjenigen zweifelhaft erscheinen, der erwägt, dass weder im span. noch im pg. das wort volkstümlich vorhanden ist, und dass wohl schon damals das germ. blondo an dessen stelle getreten war.

lat. fl- war bereits im span. „inficiert", als die germanen eindrangen. Den wandel zu ll hat kein germ. lehnwort durchgemacht; dagegen erscheint der spätere wandel zu fr auch in den germ. lehnw.; so *flete* aus frete (germ. *frêht?).

Dentales.

Zur zeit der germ. invasion war *lat. -d-* bereits geschwunden in volkstümlichen worten; wo es noch geschrieben wurde, bezeichnete es die stimmhafte interdentale spirans. Mit diesem laut bezeichnete man naturgemäss auch germ. -th-, das ursprünglich stimmlose spirans war, aber kurz nach der invasion intervocalisch zur stimmhaften wurde. Diese thatsache hat Wrede p. 104 richtig erkannt, während Walt. p. 57 dem wfränk. bereits die verschiebung in verschlusslaut zuerkennt. Für die germ. stimmlose spirans finden sich die schreibungen th und t, und da das germ. die stimmlose spirans im anlaut länger beibehielt als zwischen vocalen, so haben auch die lehnworte im anlaut t, im inlaut aber d. Das lat. -t- war bereits zu -d- verschoben, so dass die germ. lehnworte mit -d- dies genau so entwickeln wie lat. -t-, d. h. es lautet im span. gewöhnlich -d- und ist in gewissen dialekten auf dem wege zu verstummen. Germ. -t- aber verhält sich wie lat. -tt, das zur zeit der invasion bereits ein einfacher laut gewesen sein muss. Auf diese weise allein lassen sich die modernen entwicklungen der germ. lehnworte erklären. Waltemath, der glaubte, dass sich in den germ. lehnworten wie in den lat. erbworten die doppelconsonanz vereinfachen müsste, sieht sich dadurch zur annahme von consonantengeminationen veranlasst, welche durchaus nicht in den gesetzen der „westgerm." dialekte begründet sind. Er giebt diesen grund seiner annahme der doppelconsonanz nicht an; doch ist er zwischen den zeilen zu lesen.

Die hier aufgestellten regeln zu begründen, bedarf es nur weniger beispiele.

germ. þ. þ- > t-: Trasamundus = *þrasamunds; *triscar* (BC. Duel. 191) trisca (Rz. 1202. Alx. 1790) zu *þriskan, *truco* zu *þruk-*); hierher wäre auch das problematische *tejon-* = *þahs (?) zu ziehen und das noch problematischere *toalla* „handtuch", welches EW. I. tovaglia von þwahan „waschen" ableitet. Wenn wir zunächst die bedeutung prüfen, so ergiebt sich, dass ein handtuch doch kein tuch zum waschen, sondern höchstens zum abtrocknen ist; die eigentliche bedeutung scheint „tischtuch, serviette" zu sein (cf. zb. las mesas ... de toaias cobiertas Alx. 1796); formell aber lässt sich

---

*) Das wort soll nach Covarruvias aus dem ital. entlehnt sein, was aus der form nicht zu sehen ist.

das wort gar nicht von einem germ. wort bleiten. Ob wir nun þwahila oder þwagila als etymon annehmen, das germ. suff.-ila hätte sich ohne zweifel an das roman. suff.-ila angelehnt, ebenso wie das germ suff.-il sich an das rom. illo ello anlehnte (cf. zb. bedel = germ. *bidil). Suff.-alla hingegen weist eher auf ein lat.-acula: wahrscheinlich ist, wie prof. Förster vorschlägt, *togacula (von lat. toga) das etymon. Die bedeutung würde trefflich passen, der ausfall des -g- findet sich sporadisch im span. auch vor a (zb. leal = legalem), noch häufiger im prov. und franz. Das „hiatustilgende" v im ital. erklärt sich ebenfalls leicht.

-þ- zunächst t später d: cf. Fritigernus neben Fridigernus bei Jord. = *friþu-gairns, Hrothisthius 4. jh. *hrôþis-þius (PB VIII 453), dagegen Rudorich 7. jh. = *hrôþa-reiks, Rudesind 9.— 10. jh. = *hrôþa-swinþs; Mathasuenta 6. jh. = *maþa-swinþa (PB VIII 426), Retemeres 5. jh. (Jord. 107,22) = rêþamêrs PB VIII 457); eine genaue chronologische scheidung scheint sich nicht durchführen zu lassen.

Die lehnworte haben -d-: laido zu *laiþ, ebenso im frk., wie Walt. p. 83 ansetzt, der mittlerweile im frk. die fehlende „weiche spirans" entdeckt hat, ebenso rider sp. en-ridar zu *wrîþan.*)

-d- bleibt: brida „zügel" = germ. brîda, bedel = germ. *bidil**). Mit recht hat sich daher bereits Walt. p. 75 gegen die herleitung von frz. guier (denn so allein heisst das wort im afrz., guider ist erst später aus dem ital. entlehnt) = sp. guiar aus germ. witan gesträubt. Auf

---

*) Wegen der scheinbaren ausnahme onta cf. p. 39.
**) Ae. bydel weist auf germ. *budil, das in den rom. spr. *budello etc. ergeben hätte: wenn das wort, wie es scheint, mit bidjan zusammenhängt, wird sich die annahme von *bidil nicht als unmöglich darstellen.

seinen vorschlag, eine einwirkung des stammes *wid
anzunehmen, konnte er nur durch nichtberücksichtigung
der span. form kommen. Hier weist der ausfall des d
im aspan. (guiar PC. 217, 241. Rz. 10 u. ö, guia BC.
Dom. 241, guionage BC. Dom. 574, guion BC. Millan 29
u. s. w.) unzweideutig auf nicht germ. herkunft des wortes. Entlehnung aus dem frz. erscheint sehr zweifelhaft.
Allen roman. formen wird allein gerecht ein vlg. lat. *vīdare,
dessen stamm dem gr. ειδ- entspricht, wenn es auch bedenklich erscheinen mag, dass bei der bildung eines a-verbs der
stamm mit langem vocal verwendet ist. Wegen des
bedeutungsübergangs möge an unser „weise" neben
„weisen" erinnert werden. Das von Settegast Rom.
Forsch. I 248 vorgeschlagene etymon vitare ist formell
ungenügend und lässt sich auch in bezug auf die
bedeutung nur mit hilfe etwas kühner übergänge als
richtig annehmen. Der einzige vorzug des wortes ist,
dass es im lat. genügend belegt ist.

Die von Stark p. 46 erwähnte „ekthlipsis" des
d in hypokoristischen eigennamen (auch sp. Aalarius a.
930) beruht auf anderen als rein lautlichen gründen,
kann also nicht gegen unsere ansicht zu felde geführt werden. Auch die in einigen namen im 7. jh.
auftretende verschiebung des anlautenden d zu t,
Tructemundus 681. 683 u. ö = *drauhti-munds PB VIII
454, Tunila 638 = Dunila 652 hat **keinerlei einfluss auf die lehnworte gehabt.**

Auf roman. einfluss führt Stark 61 anm. 1 z (s, sc)
= urspr. d zurück zb. in Goscelinus.

germ. -t- bleibt: *mita* = germ. mita (ae. mīte)
„milbe", *botar* zu *bautan, *tela* (Maria Egipc. 313a) =
*tita. In span. *lata* liegt vielleicht germ. latta zu
grunde, wenn die etymologie richtig ist. Zunächst ist
der ursprung des worts noch dunkel. Thurneysen Kelto-

rom. p. 66 wagt nicht zu entscheiden, ob das germ. wort aus gleichbedeutendem kelt. *slattâ stammt.

batel könnte zwar aus germ. *bait- stammen, wahrscheinlich ist dieser term. mar. über Frankreich aus ae. bât eingewandert.

Für -dj- können wir leider bei der geringen anzahl der belege aus den lehnworten keine sicheren schlüsse ziehen. Jedenfalls ist die behauptung Walt.'s p. 94, dass *gage* = germ. *wadi (cf. pignus: uuadius Reich. Gloss. I 285) nicht nach den gesetzen der lat. lehnworte gebildet sei, nicht ganz richtig. Es ist genau so gebildet, wie frz. assiéger = lat. *assediare. Es scheint aber dieses in der that erst später eingedrungen; es ist Walt. zuzugeben, dass die **volkstümlichen wörter** bereits auf dem wege der entwicklung dj > i gewesen sind; ja es ist sogar wahrscheinlich, dass sie schon in vorrom. zeit in dieser entwickelung begriffen waren; es **entwickelt sich nämlich lat. -dj- wie j-** und auch wie ein teil von -j-; so ital. poggio span. poyo (podium), wie ital. maggio sp. mayo (majum); ebenso fr. rai (radium) = mai (majum). Zu dem **schwund von g vor j im klass. lat.: májor aus *mágjor** etc. (cf. Aufrecht Kz. I 230) tritt so im vlg. lat. als parallele erscheinung der schwund von d vor j. Dagegen scheint sich der schwund von b vor j im vlg. lat. noch nicht vollzogen zu haben, da hier die rom. sprachen auseinandergehen. Neben dieser volkstümlichen entwicklung von -dj- steht eine andere. Wie -d- teils gefallen, teils aber zur interdentalen stimmhaften spirans geworden war, so konnte -dj- sich zu -j- und zu -dj- entwickeln. Nach Isid. Orig. XX, 9, 4 (cf. Seelm. p. 321) gehört ozie < hodie der sprache der Itali an. Das ital. bietet in der that die meisten beispiele für diesen wandel, aber auch dem span. fehlen

sie nicht (cf RG. I³ 234). Mit recht leitet daher auch
Baist Rom. Forsch. I 108 raza „strich" (zb. Rz. 84) aus
*radia zu radius, da das von Diez angegebene etymon
ahd. reiza wegen der lautverschiebung nicht passt.
Andere gerechte bedenken hat Walt. p. 61 anm. 1). ahd.
mutti aus modius (Franz. p. 11) wird vielleicht einen
weiteren beleg abgeben. rom. *modjo ward im westgerm. *muddjo und dieses zu ahd. mutti cf. smitta =
smiþþa Braune § 167 anm. 10·

Von germ. eigennamen ist neben Burgundiones u. ä.
auch der vater des Attila zu erwähnen: Mundzucus Jord.
124, 14 = Mundivicus; sonst gehört hierher sp. *gaje*,
das aus dem frz. entlehnt scheint, *alodio* zu *alaudi
*adal-aud? (Th. Braune GZ. X 267), das immer noch
allen erklärungsversuchen spottet. Die behauptung Braunes
l. c., dass das wort auf gelehrtem wege eingedrungen
sei aus verträgen etc., ist von der redaktion mit einem
fragezeichen bedacht worden. Ein drittes wort, von
Walt. vorsichtigerweise ausgelassen und wahrscheinlich
nicht germ., ist fr. *tuyau* = asp. toyiello (BC. Dom. 723),
das Diez EW. I tudel auf altn. túd- zurückführt; da hier
germ. *taud vorliegt, so ist schon aus dem grunde die
etym. zu verwerfen.

*lat. -t- war sicher schon vor der germ. invasion auf
dem wege nach -zj-*, wie wir ja aus inschr. und sonstigen
zeugnissen ebenfalls wissen. Von hierher gehörigen lehnworten ist zu erwähnen *sitio* „belagerung" zu *sitjan.
Dagegen scheint das aus Frankreich eingewanderte
hucha nicht altgerm. herkunft, vorausgesetzt, dass das
von Kluge s. v. hütte angesetzte *hudja richtig ist. („Im
mittellat. ist hûtica belegt". Förster.)

Das germ. unterscheidet bekanntlich im inlaut
stimmloses und stimmhaftes s. Letzteres ist in

den sogen. westgerm. dial. zu r geworden, doch wohl schwerlich sehr früh. Wenn auch im westfränk. -z- nur auf einer münze aus Speier belegt ist in gaiso — (cf. Walt. 57), während die übrigen belege (vom jahre 700) r aufweisen, so zeigt dies allerdings, dass um diese zeit ungefähr sich der übergang vollzog; aber fr. *roseau* „rohr" zu germ. *rauz- beweist deutlich, dass zur zeit, da die erste schicht germ. lehnworte in das frz. drang, der übergang noch nicht vollzogen war (cf. auch Walt. p. 79). *framboise*, das Walt. p. 57 mit Diez RG. I³ 315 hier erwähnt, kann wegen seiner unsicheren etymologie nicht als weiterer beleg betrachtet werden. Auch das burg. hat noch -z-: Aisaberga a. 491 zu *aiza cf. aiza-smiþan PB. VIII 429, Usgildus (Wack. 369) wohl mit ulfil. usgildan zusammenhängend.

Das span. hat kein hierher gehöriges lehnwort. *lozano* ist vielleicht aus germ. *lausan- abgeleitet (stimmloses s).

Der wandel von *sl* > s c l ist in neuerer zeit aus anlass der Förster'schen herleitung des span. *enclenque* aus germ. *slink (GZ. VI 113) von Baist (GZ. VI 427) einer eingehenden untersuchung unterzogen worden. In eigennamen findet sich der wandel in -geisls > giselus und zwar im burg., fränk., wandal. und got.*). Es ist schwer zu bestimmen, ob darin germ. eigentümlichkeit oder roman. einfluss zu sehen ist. Man erwäge, dass eine ähnliche epenthese in germ. und slav. dialekten sich findet, wo zwischen s und r ein t eingeschoben wird zb. altn. straumr „strom" abulg. o-strovŭ „insel" von sreu-, aind. sravati. (cf. Brugmann Techm. zts. I 235). Vor allem ist zu verweisen auf alb. skjufur

---

*) Warum nimmt W. Meyer Ltbl. 1885 p. 454 entlehnung hierher gehöriger namen aus dem got. oder burg. an?

— sulphur *sklufur (makedorum. sklifurë) Schuchardt Kz. 20, 253. Es ist immerhin nicht erwiesen, dass die westgoten in Spanien die eigentümlichkeit aus Gallien mitgebracht hätten, wie Baist p. 431 behauptet; und wie will man den vorgang bei den Vandalen deuten? Die von Baist sodann erwähnten beispiele, in welchen sich sl ohne epenthese zeigt, sind, so weit sie germ. herkunft sind, wohl jüngeren datums, können aber freilich stutzig machen. Immerhin ist die Förster'sche etymologie wahrscheinlicher als die von Baist. encleticus konnte allerdings *enclelgo ergeben; wenn aber dann der spanier das bedürfniss einer dissimilation gefühlt hätte, würde er *enclergo, nicht enclenque aus *enclelgo gebildet haben. Der wandel lg > ng kann durch mencal für *melcal aus mitheal nicht begründet werden. Die besternte form *melcal ist unmöglich und nur eigens erfunden, um die hier vorliegende etymologie zu begründen. Nach DE. p. 20 wandelte sich arab. thâ im span. gewöhnlich in t, zuweilen in z. Engelmann hält deshalb p. 315 die nur in alten texten erwöhnten mencal und mercal für verderbt aus mitical. Auf jeden fall ist es bedenklich, diese worte zur aufstellung von lautregeln zu verwerten. Sollte Baist seine gleichung mitheal mitical *milcal = natica nalga aufrecht erhalten wollen, so möge er daran erinnert werden, dass zur zeit der arab. invasion lat. -t- schon längst zu -d- geworden war, in den betreffenden worten also der bekannte wandel d > l vorliegt.

Das hierher gezogene wort sp. *sclavo* = germ. *slav kann allerdings jünger sein, obschon das durch die form allein sich kaum begründen lässt.

sm- in *esmalte* = germ. *smalt zu *smeltan „schmelzen".

sp- in *esparvel* zu germ. *sparwa- cf. ahd. sparwâri*), *espeto* zu germ. *spit „spitze", *espuela* zu *spor u. dgl. m.

sw- liegt nur in namen vor in germ. *swinþs, wo das w teils erhalten bleibt, zb. Suinthi-liuba 7. jh., teils schwindet Sinderith 6. jh. = swinþa-rêþs; so ist wohl auch lang. Albisinda zu erklären, nicht mit Meyer p. 276 f. zu sindi (gasindi).

-zd- > *sl* mag in *broslar* „sticken" = germ. *bruzdon (EW I bordo) vorliegen.

-st- bleibt: *mastil* zu germ. mast.

sk- bleibt gewöhnlich: *escotar* „ausschneiden" zu germ. *skauts, *escarnir* zu *skirn, *esquila* zu *skilla, *esquirar* esquilar = got. *skilan**), dessen praet. noch in skal erhalten ist cf. Leo Meyer got. spr. § 344. Wie aber lat. scambus im span. zambo geworden ist, so hat sich auch germ. *sk-* zuweilen in *z-* gewandelt, so in dem inschriftlich belegten Zerezindo 6. jh. = *skari-swinþô PB VIII 455 und so in dem lehnwort *zanca* = germ. (ae.) skanca.

-sk- haben wir vielleicht in *lasca* „lappen, schnitte" nach Gröber Wölffl. Arch. III 510 = germ. laska.

-skj- nur in *escanciano* „schenk" BC. Millan 248, Jose 102; escanciar Alx. 1078 u. s w. zu germ. *skankjo dessen endung sich wohl schon frühe mit lat. -ancius vermischt hat; cf. auch pincerna: scantio Reich. Gl. I 1042.

---

*) Das von Walt. p. 102 angesetzte frk. *sparîwâri wird druckfehler sein. Übrigens liegt hier nicht germ. a vor r + i > ie vor, sondern -ier ist das lat. suff. -arius, an welches sich germ. -âri früh anlehnte.

**) Hierher könnte auch afr. eschirer gerechnet werden, das reilich auch mit EW IIc zu *skirran gezogen werden kann.

Gutturales.

G.

Lat. g- vor a o u ist im span. unversehrt geblieben: gozo (gustus); formen mit j wie joya sind entlehnungen entweder aus dem frz. oder prov. Die germ. lehnworte müssen dieselbe entwicklung haben: *garbar* „garben binden" zu garba scheint freilich nur der prov. Aragonien anzugehören; *gabela* wird man nach der eingehenden untersuchung von Dozy gloss. p. 75 kaum dem arab. absprechen können, so dass nur *gonfalon* = *gundfano übrig bleibt; *jardin* ist ohne zweifel aus dem frz. entlehnt.

Lat. g vor e i ist im span. abgefallen: encia (= gingiva); gewöhnlich schreibt man heutzutage h-: hermano, hinojo, helar u. s. w.; wenn die anlautsilbe betont war, so wurde natürlich ĕ diphthongiert und ie im anlaut nach alter schreibweise ye- geschrieben. So allein erklären sich die formen yema (gemma), yerno (generum) u. a. Die formen mit g- erweisen sich als gelehrte bildungen, und steht nsp. gente dem asp. volkstümlichen yente (cf. PC 29. 840. 968 u. ö.) gegenüber.*) (cf. auch Gröber W. Arch. II 437). Die entwicklung der germ. lehnworte entspricht derjenigen der später eingewanderten (gelehrten) wörter lat. (resp. rom.) ursprungs, also *giga* = germ. gîga; ob *gigote*, das wohl aus frz. gigot entlehnt ist, sich mit Scheler aus geigan „tremere" ableiten lässt, ist zwar formell nicht anzuzweifeln, erregt aber der bedeutung gegenüber grosse bedenken.

---

*) Die entwicklung des g- vor e i ist der des h- vollkommen parallel. cf. yerba: yvierno (nsp. invierno); merkwürdig ist der wandel von hier- (gr. ἱερ-) ger- zb. gerarquia, gerofante, Geronimo etc.

Die scheinbare lautverschiebung in sp. *confalon* neben gonfalon erklärt Baist Rom. Forsch. I 109 mit recht als anlehnung an die praep. con-.

-*g*- fiel: span. *airon* = *haigiro; ebenso ward in eigennamen *ragina- zu *raina- *rana-rani — cf. Ranimirus a. 850 (JHC n. 248), a. 876 (n. 254), Ramirus a. 929 (n. 250) Ramiro a. 980 (n. 244); daraus schliesst Förstemann Kz. 20, 432, dass die unterdrückung der 2. silbe um das jahr 900 eingetreten sei; so findet sich neben Agila Eila Ella (cf. Stark. 49) etc.

Zuweilen aber blieb -g- und scheint sich dann zu š entwickelt zu haben. So werden sich wohl die schreibungen mit -x-, welches neben dem -g- auftritt, erklären lassen, so Exila neben Egila, Onexildus etc. cf. Stark 51.

germ. -*gj*- > y in *sayon* < germ. *sagjo, *ayo* (Rz. 125) < *hagjo, vielleicht auch *desmayar* „in ohnmacht fallen" zu *magjan?? (ahd. magên) wie aber erklärt sich esmair (Alx. 224. 828)? bemerkenswert ist Ega: Aya, ungefähr aus derselben zeit (7. jh.) stammend, beide von Bezz p. 8. 9 aus *agja abgeleitet.

K.

Im wesentlichen richtig giebt bereits RG. I³ 316 f. den unterschied zwischen den lat. und germ. worten in der entwicklung des k an. Der germ. laut bleibt in den roman. sprachen mit ausnahme des frz. un. verändert. So steht *camarlengo* für germ. got. (?) *kamarling (das span. wort wohl aus dem ital entlehnt), *rico* (germ. *riki), *estaca* (germ. *staka); ebenso c für germ. *kk: rueca* (germ. *rokk-), vielleicht auch *tocar* (germ. *tukkôn?) *tacha*, bereits Rz. 151, = *germ. taka, muss aus dem frz. entlehnt sein, ebenso *brecha* = fr. brèche (nach Walt. 73 frk. brecca): brigola kann nicht hierher gehören. Die andere von RG. l. c. angegebene ausnahme Rodrigo = *hrôþa-reiks lässt sich vielleicht durch analogie an andere substantive mit -igo (= -icus) erklären.

kn- wird im frz. *canif* — *knîf durch svarabhakti dem rom. munde angepasst; hiervon scheint entlehnt sp. *cañivete* cañavete (wohl mit anlehnung an caña „rohr"); daneben das seltsame gañivete Juan Manuel, el libro de la caza 62, 26.

kw- in asp. *coalla* pr. calha fr. caille = quaccola (Reich. Gloss. 1 799, 875), das an stelle von coturnix tritt, wohl zu germ. *qak (zu qikan). Von den germ. sprachen scheint nur das mndl. quakele diese form erhalten zu haben, welche aus derselben anschauung hervorgeht wie unser „wachtel" cf. Grimm Gr. II 52*).

II.

Das *lat. h-* ist bereits im klass. lat. verstummt, wie die häufig vorkommende schreibung eines etymologisch nicht berechtigten h zeigt. Auch in der wiedergabe germ. namen mit h- zeigt sich ähnliches schwanken, etymologisch nicht berechtigtes h- in Halaricus Jord. 41, 6 und ö. — *ala-reiks, ausfall des h- in Ariaricus Jord. 87, 7 = *harja-reiks; nur in wfränk. namen tritt für h- gewöhnlich ch- ein, und das franz. hat auch allein noch die aspiration bewahrt, die freilich jetzt mehr und mehr im schwinden begriffen ist. Es wird

---

*) Im auslaut des worts liegt wohl anlehnung an das lat. suffix -acula > -alla vor, welche in diesem falle freilich schwer genug zu erklären ist, da zur zeit der germ. invasion der vocal u gefallen sein musste und zu einer anlehnung von germ. -acula an rom. acla nur geringe veranlassung vorhanden war. Die untersuchung über die suffixanlehnung und die in vieler hinsicht verwandte suffixvertauschung möge gegenstand einer besonderen abhandlung sein.

sich kaum entscheiden lassen, ob das wfränk. eine stärkere aspiration gehabt hat oder ob diese aspiration in der articulation der älteren keltischen bevölkerung ihren grund hat; doch ist das letztere das wahrscheinlichere.

Die span. lehnwörter zeigen zwei verschiedene entwickelungen; 1) ausfall des h, welches zuweilen noch graphisch vorhanden ist. 2) f-, von RG. I³ 320) auf lehnwörter aus dem frz. beschränkt. Diese vermutung hat etwas bestechendes, wenn man erwägt, dass die regelrechte entsprechung von *harjawald im span. araldo haraldo ist, während das durch die vocalisierung des l als frz. lehnwort erkenntliche *faraute* ein f- hat*); so heisst die harfe im sp. gewöhnlich *arpa* (zb. Rz. 1204), aber Alf. XI str.409 nennt „*farpa* de don Tristan" ein ihm wohl von frz. jongleurs überkommenes instrument. Aber im einzelnen wird sich das doch nicht durchführen lassen; im PC. steht in derselben bedeutung und verbindung *ardido* (v. 79, 3359), dagegen fardido (v. 443) zu *hard-, wo die verschiedenen formen vielleicht durch schreibereinfluss zu begründen sind; ebenso finden wir *onta* neben *fonta afontar*. Die letztere form würde sich nur durch eine sehr frühe entlehnung erklären lassen, die wir aber auch für faraute annehmen müssen. Weder *honter noch *haraut ist uns im frz. erhalten. Wenn wir also auch dial. nebenformen in den formen mit f- sehen dürfen, so darf nicht unberücksichtigt bleiben, dass „die fälle sich ganz auf frz. wörter beschränken" (RG. I ¹ 320).

Die gewöhnliche wiedergabe des germ. h

---

*) faraute aus fr. *haraut, welches durch das jüngere héraut verdrängt worden ist. Auf *haraut aus *haraud *harald weist vielleicht auch noch afr. haroder „zeter schreien": die etymologie in EW IIe s. v. haro erscheint wenigstens sehr zweifelhaft. ital. farabutto nach Caix studj etim. ital. XIII aus span. faraute.

ist ausfall desselben: *albergar* zu *hariberga, *airon* zu *haigiro, mit h- *halar* (halôn) u. dgl. m.

hl- soll nach Baist GZ VII 119 in *galopear* = *hlaupan vorliegen, während Diez es zu *ga-hlaupan zieht. Baists herleitung ist nicht genügend begründet. *galoscia* sp. *haloza* kann schon aus dem grunde nicht zum vergleich herangezogen werden, weil die etymologie dieses wortes noch völlig im unklaren liegt. Eine nicht unwahrscheinliche herleitung desselben aus slav. elementen versucht neuerdings Schuchardt Slawo-deutsches etc. p. 79 hlaupan konnte im span. nur *alopar, nicht galopar werden. Es erscheint überhaupt fraglich, ob h- sich im span. zu g- wandeln konnte. Zwar wird arab. h, das eine gewisse ähnlichkeit mit unserem h hat, nach DE p. 14 bisweilen g. Bei näherem zusehen ergiebt sich freilich, dass dieses „bisweilen" sich auf drei verschiedene formen eines und desselben noch dazu nicht ganz zweifellosen etymons bezieht*).

hr- in *arenga* zu germ. *hring; dagegen *rivaldo* nach EW I zu *hribâ, *roquete* vielleicht zu broce (Walt. p. 76), wo wohl spätere lehnworte vorliegen.

-ht- in *guaita* = *wahtwô*)

[*) „Die pikard. formen *waloper walop* lassen sich nicht mit Diez so leicht abweisen (in nordfrz. mundarten verirrt sich g manchmal in w) man braucht *walauppare." Förster.

*) *gaita* „sackpfeife" (zb. Alf. XI str. 409) gehört wohl nicht hierher. Das von Engelmann erwähnte arab. etymon soll freilich aus dem span. entlehnt sein nach Dozy; Schuchardt Slawo-deutsches p. 42 vermutet arab. ursprung: tschech. *kejdy* = *gajdy* „dudelsack" türk. *ghajdâ*.

Nachtrag.

Während des druckes meiner dissertation erschien E. Mackels abhandlung: Die germanischen elemente in der franz. und provenz. sprache. Heilbronn 1887. (Franz. Stud. VI, heft 1), welche einen bedeutenden fortschritt gegenüber den bisher erschienenen arbeiten zeigt. Die methode des verfassers ist eine andere als die meine, und so ist auch das resultat vielfach ein anderes. Wer von uns beiden recht hat, wird in vielen fällen überhaupt nicht zu entscheiden sein. Eine ausführliche recension der Mackel'schen arbeit behalte ich mir vor.

Thesen.

1. Die verschiedenheit der romanischen völkerbildungen ist vor allem durch die verschiedenheit der vorromanischen völker zu erklären; der einfluss der „germanischen zuthat" (cf. Dahn Urgesch. d. germ. u. röm. völker 1 77) ist sekundär.
2. Die von Körting (Encycl. III 188) versuchte erklärung des nominativ-s im afrz. und prov. aus germ. einfluss ist nicht stichhaltig.
3. Das von Diez EW II b s. v. alamo u. Baist Rom. Forsch. I 132 aufgestellte lautgesetz, dass im span. sich -lnnicht hält, ist unbegründet.
4. Die in den meisten roman. sprachen vollzogene diphthongierung gewisser ursprünglicher lat. monophthongen war im vulg. lat. noch nicht vorhanden.
5. ala „alant" darf nicht mit EW I enola und Gröber Wölfflin Arch III 267 zu lat. inula gezogen werden.
6. Ital. bosco fr. bois etc. setzen ein vulg. lat. *buxicum voraus.
7. Rom. pilota ist aus gr. *πηδώτης entstanden (zu πηδόν „steuerruder") [cf. Breusing Zts. des vereins f. ndd. sprachforschung 1878].
8. Der zweifel von Franz „die lat. rom. elemente im ahd. p. 69" an der entlehnung des ahd. esil aus lat. asinus ist unbegründet.

Lebenslauf.

Geboren bin ich, Moritz Goldschmidt, am 28. januar 1864 zu Nordhausen, als sohn des verstorbenen kaufmanns J. Goldschmidt. Ich gehöre der mosaischen confession an. Meine erste schulbildung genoss ich seit 1870 auf der mit dem realgymnasium verbundenen vorbereitungsschule meiner vaterstadt und besuchte sodann das realgymnasium. Ostern 1875 ging ich zum gymnasium meiner vaterstadt über, welches ich mit dem zeugnis der reife ostern 1883 verliess, um zunächst die universität Berlin zu beziehen. Nach drei semestern liess ich mich an der Bonner universität immatrikulieren, der ich bis zum w. s. 1886/87 angehört habe. Meine akademischen lehrer waren in Berlin die herren professoren Bastian, Geiger, v. Gizycki, Mommsen, Rödiger, Scherer, J. Schmidt, Steinthal, Tobler, Zeller und Zupitza, in Bonn die herren professoren und docenten Dove, Förster, Menzel, J. B. Meyer, Morsbach, Stürzinger, Trautmann und Wilmanns und die herren lektoren Delhorbe, dr. Piumati und Waridel.

Seit anfang des w. s. 1884/85 war ich ordentliches mitglied, im w. s. 1886/87 senior und bücherwart des romanischen seminars. Von ostern 1886 bis ostern 1887 war ich auf der kgl. universitätsbibliothek als amanuensis beschäftigt.

Den beamten derselben sowie allen meinen lehrern sage ich an dieser stelle den besten dank für ihre bemühungen, insbesondere aber herrn prof. W. Förster, der mich immer in der liebenswürdigsten weise bei meinen studien unterstützt hat.